_____ 님의 소중한 미래를 위해
이 책을 드립니다.

최소한의 주식 공부

최소한의 주식 공부

주식투자자가 가장 알고 싶은 73가지

김영민 지음

메이트북스

메이트북스   우리는 책이 독자를 위한 것임을 잊지 않는다.
우리는 독자의 꿈을 사랑하고,
그 꿈이 실현될 수 있는 도구를 세상에 내놓는다.

최소한의 주식 공부

초판 1쇄 발행 2026년 3월 10일 | **초판 2쇄 발행** 2026년 4월 15일 | **지은이** 김영민
펴낸곳 (주)원앤원콘텐츠그룹 | **펴낸이** 강현규·정영훈
등록번호 제301-2006-001호 | **등록일자** 2013년 5월 24일
주소 04607 서울시 중구 다산로 139 랜더스빌딩 5층 | **전화** (02)2234-7117
팩스 (02)2234-1086 | **홈페이지** matebooks.co.kr | **이메일** khg0109@hanmail.net
값 17,500원 | **ISBN** 979-11-6002-458-6 03320

대부분의 사람들은 부자가 되길 바라지만,
부자가 될 준비가 되어 있지는 않다.

• 찰리 멍거(미국의 투자가) •

주식으로 돈 벌고 싶다면
최소한의 주식 공부는 반드시 필요하다!

　돈을 벌고 싶다면 먼저 인정해야 할 사실이 있습니다. 시장
은 감으로 움직이지 않습니다. 뉴스 한 줄, 지인의 추천, 인터넷
게시판의 확신에 기대어 투자하는 방식은 결국 계좌를 흔들어
놓습니다. 운이 좋으면 잠시 수익을 낼 수 있지만, 반복할 수는
없습니다. 반복되지 않는 수익은 실력이 아닙니다. 그리고 실
력이 없는 투자는 오래가지 못합니다. 시장은 운을 보상하지

않고, 준비된 판단만을 축적합니다.

지금은 월급만으로 자산을 빠르게 늘리기 어려운 시대입니다. 물가는 오르고 자산 가격은 더 빠르게 움직입니다. 노동 소득은 천천히 오르지만, 자본은 기회를 만나면 급격히 불어납니다. 이 차이를 외면하면 시간이 지날수록 격차는 벌어집니다.

결국 돈은 성장하는 기업으로, 그리고 주식시장으로 이동합니다. 이 흐름을 인정하지 않으면 부의 대열에서 멀어질 수밖에 없습니다. 참여하지 않는 선택 역시 하나의 선택이며, 그 결과도 스스로 감당해야 합니다.

그렇다고 아무 준비 없이 주식시장에 뛰어드는 것은 또 다른 위험입니다. 많은 사람이 손실을 경험하는 이유는 시장이 나빠서가 아니라 기준이 없기 때문입니다. 무엇을 사야 하는지, 언제 사야 하는지, 언제 멈춰야 하는지에 대한 최소한의 원칙 없이 시작합니다. 그러다 작은 변동에도 흔들리고, 급등에는 쫓아가고, 급락에는 던집니다. 감정이 결정을 대신하는 순간, 수익은 멀어집니다. 투자에서 가장 비싼 비용은 수수료가 아니라 조급함입니다.

이 책은 모든 것을 알려주겠다고 약속하지 않습니다. 대신 반드시 알아야 할 것만 정리했습니다. 지수를 이해하고, ETF의 작동 원리를 알고, 비용과 세금을 계산하고, 자금의 흐름을 읽는 법을 다룹니다. 화려한 기법이 아니라 계좌를 지키는 핵심입니다. 최소한의 공부가 되어 있으면 시장이 흔들려도 중심을 잃지 않습니다. 흔들림 속에서도 계획을 유지할 수 있습니다. 복잡한 전략보다 단단한 기준이 더 오래갑니다.

주식은 위험한 도박이 아닙니다. 이해하지 않고 접근할 때 위험해집니다. 기업은 이익을 만들고, 경제는 확장과 축소를 반복하며 성장합니다. 그 흐름 안에 참여하는 방법이 주식입니다. 단기 변동에 매달리기보다 장기 흐름을 이해하는 태도가 필요합니다. 특정 종목의 급등을 좇는 사람이 아니라, 기업과 자본의 흐름을 이해하는 사람이 살아남습니다. 수익은 흥분이 아니라 인내에서 나옵니다.

또 하나 분명한 사실이 있습니다. 시장은 친절하지 않습니다. 초보자라는 이유로 봐주지 않고, 열심히 한다는 이유로 보상하지도 않습니다. 냉정하게 계산하고, 숫자로 확인하고, 스스로 납득한 뒤 움직여야 합니다. 남의 말에 기대는 순간 책임도 남에게 넘기고 싶어집니다. 그러나 손익은 언제나 자신의 계좌에 기록됩니다. 투자에서 변명은 수익으로 이어지지 않습니다.

돈을 벌고 싶다면 태도부터 바꿔야 합니다. 쉽게 벌겠다는 생각을 버리고, 제대로 이해하겠다는 결심을 해야 합니다. 시장은 준비된 사람에게 기회를 줍니다. 준비되지 않은 사람에게는 수업료를 받습니다. 그 수업료는 생각보다 비쌉니다. 이 책은 그 비용을 줄이기 위한 최소한의 공부입니다. 크고 화려한 성공담이 아니라, 흔들리지 않는 기준을 만드는 과정입니다.

지금 시작해도 늦지 않았습니다. 그러나 아무 준비 없이 반복하는 실수는 이제 끝내야 합니다. 기준을 세우고, 숫자를 확인하고, 감정 대신 원칙으로 움직이십시오. 돈은 결국 준비된 사람에게 모입니다. 그리고 그 준비는 거창한 비밀이 아니라, 기본을 이해하려는 태도에서 시작됩니다. 이 책은 그 출발선에 서기 위한 최소한의 안내서입니다.

김영민

차례

1장 주식투자 시작 전에 꼭 알아야 할 기본 지식

2장 사도 되는 주식과 사면 안 되는 주식 구분법

3장 ETF 전성시대, ETF 투자로 돈 버는 법

4장   주식, 매수 시점과 매도 시점을 정하는 방법

7장 손실은 적게, 이익은 많이 내는 계좌 관리법

8장 차트, 주식투자에
200% 활용하는 법

이 장은 주식투자를 시작하기 전에 반드시 알아야 할 기본을 정리한다. 주식은 운으로 돈을 버는 곳이 아니라, 내 자산을 스스로 관리하는 능력을 만드는 과정이다. 인플레이션이 이어지는 환경에서는 가만히 둔 돈의 힘이 매년 약해진다. 그래서 투자는 빨리 부자가 되기 위한 선택이 아니라, 선택권을 지키기 위한 준비가 된다. 이 장에서는 주식이 저축과 다른 이유, 시작 금액과 방법, 계좌 세팅과 원칙을 먼저 잡는다. 기본을 갖추면 주식은 두려운 게임이 아니라 점검하며 관리할 수 있는 대상이 된다.

1장

주식투자 시작 전에
꼭 알아야 할
기본 지식

반드시 이 정도는 알고 시작해야 한다

지금 우리가 주식에 투자해야 하는 이유

지금 주식에 투자해야 하는 이유는 인플레이션이 일상화된 환경에서 아무런 대응을 하지 않으면, 내 돈의 가치는 매년 조금씩 줄어들고, 그 결과 선택할 수 있는 삶의 범위가 계속 좁아지기 때문이다.

지금의 환경은 과거와 분명히 다르다. 물가는 쉽게 내려오지 않고, 한 직장에서 오래 일하며 삶을 설계하던 구조도 빠르게 약해지고 있다.

인공지능과 자동화는 산업의 형태 자체를 바꾸고 있고, 직업과 기업의 생명주기 역시 짧아지고 있다. 열심히 일하면 자연스럽게 삶이 안정되던 공식은 더 이상 당연하지 않다. 많은 사람이 월급을 받고 있지만, 그 월급이 앞으로도 같은 힘을 가질 것이라는 확신은 점점 줄어들고 있다.

이런 시대에 가장 큰 문제는 돈을 가만히 두면 안전하다는 착각이다. 통장에 쌓인 숫자는 그대로지만, 물가가 오르는 동안 돈이 살 수 있는 범위는 계속 줄어든다. 같은 금액으로 할 수 있는 선택이 해마다 줄어들고, 생활의 여유와 기회의 폭도 함께 좁아진다.

지금 느끼는 불안은 개인의 능력이나 노력 부족 때문이 아니라, 인플레이션이 일상화된 구조 속에서 돈의 가치가 빠르게 약해지고 있기 때문에 생긴다. 그래서 지금의 투자 목적은 단순히 수익을 내는 것이 아니라, 줄어드는 돈의 힘을 되돌려 놓는 데 있다.

인플레이션이 계속되는 환경에서는 자산이 스스로 불어나지 않으면, 실제 생활 수준은 자연스럽게 내려간다. 결국 자산을 지키기 위해서는 소극적인 보관이 아니라, 적극적인 증식이 필요해진다. 주식투자는 그 역할을 수행할 수 있는 가장 현실적인 수단이다.

지금 전 세계 자금의 흐름 역시 같은 방향으로 움직이고 있다. 연기금, 기관투자자, 글로벌 자금은 예금과 채권에서 빠져나와 기업과 산업이 모여 있는 주식시장으로 이동하고 있다. 성장과 기술, 산업 변화가 기업의 실적으로 연결되는 곳이 바로 주식시장이기 때문이다.

이 거대한 자금 이동은 단기 유행이 아니라 구조적인 흐름에 가깝다. 유동성은 언제나 성장 가능성이 있는 곳으로 모이고, 그 자금이 다시 기업 가치와 주가를 밀어 올리는 구조를 만든다.

그래서 주식투자는 단순히 기업을 고르는 행위가 아니라, 거대한 머니 무브의 방향에 함께 서는 선택이 된다. 이 흐름에 편승하지 못하면, 내 자산 역시 자금 이동의 중심에서 소외될 수 있다.

지금 우리가 주식에 투자해야 하는 이유는, 인플레이션으로 줄어드는 돈의 가치를 방어하고, 주식시장으로 이동하는 거대한 자금 흐름에 함께 서서, 내 자산을 구조적으로 성장시키기 위해서다.

지금의 투자는 변화의 시대에서 내 자산의 생존력을 높이는 준비다. 그렇게 한다면 경제적 자유를 위한 부의 파이프 라인을 갖게 될 것이다.

어떻게 하면 주식투자로 돈을 벌 수 있을까?

시장은 언제나 한발 먼저 움직인다. 실적이 좋아진 뒤에 오르는 것이 아니라, 좋아질 가능성이 보일 때 먼저 반응한다. 나빠질 때도 마찬가지다. 그래서 주식에서는 앞으로의 방향이 더 중요하다.

주식을 시작하면 대부분 비슷한 불안을 느낀다. 오르면 팔아야 할 것 같고, 내리면 더 사야 할지 멈춰야 할지 헷갈린다. 다른 사람의 수익 이야기를 들을수록 내 선택이 맞는지 더 불안해진다. 종목은 샀지만 왜 이 회사를 골랐는지 스스로 설명하기 어려운 순간도 많다. 이 막막함이 매매를 더 급하게 만든다.

그래서 많은 사람은 가장 눈에 띄는 정보부터 본다. 오늘 많이 오른 종목, 뉴스에 자주 나오는 기업, 주변에서 좋다고 말하는 이름을 따라간다.

그러나 가격은 이미 결과에 가깝다. 결과만 보고 움직이면 판단의 기준이 남지 않는다. 조금만 흔들려도 매수와 매도를 반복하게 되고, 이유는 달라도 비슷한 실수가 이어진다.

워런 버핏은 "가격은 당신이 지불하는 것이고, 가치는 당신이 얻는 것이다"라고 말했다. 피터 린치는 "자신이 이해할 수 있는 기업에 투자하라"고 말했다. 하워드 막스는 투자에서 먼저 봐야 할 것은 수익이 아니라 위험이라고 강조했다. 이 말들은 주식투자가 숫자를 맞히는 일이 아니라, 기업이 어떤 구조로 움직이고 있는지를 이해하는 일이라는 점을 말해준다.

시선을 가격에서 회사로 옮기면 질문이 달라진다. 이 회사는 무엇으로 돈을 버는가, 그 방식은 앞으로도 유지될 수 있는가, 경쟁자는 쉽게 따라올 수 있는가를 보게 된다.

그리고 지금의 주가는 이런 미래를 이미 얼마나 반영하고 있는지도 함께 살핀다. 이렇게 보면 매수와 매도는 타이밍의 문제가 아니라 판단의 문제가 된다.

주식으로 돈이 만들어지는 흐름은 단순하다. 회사가 성장할 가능성을 보여 주고, 그 가능성이 실제 실적으로 확인되며, 그 변화가 시장에서 받아들여질 때 주가는 움직인다. 이 과정이 반복되면 계좌의 숫자도 함께 바뀐다. 반대로 매출이 줄거나 경쟁이 심해지거나 비용이 늘어나면 기업의 힘은 약해지고, 그 변화 역시 가격에 반영된다.

시장은 언제나 한발 먼저 움직인다. 실적이 좋아진 뒤에 오르는 것이 아니라, 좋아질 가능성이 보일 때 먼저 반응한다. 나빠질 때도 마찬가지다. 그래서 주식에서는 지금의 모습보다 앞으로의 방향이 더 중요하다.

가격이 계속 바뀌기 때문에 주식은 어렵게 느껴진다. 그러나 그 움직임 뒤에는 기업의 경쟁력과 산업 환경의 변화가 있다. 오늘의 등락보다 내가 가진 회사가 어떤 구조로 돈을 벌고 있는지를 점검하는 시간이 더 중요하다.

그렇게 바라보기 시작하면 주식은 맞혀야 하는 게임이 아니라, 지켜보고 관리해야 할 대상이 된다. 그리고 이 태도가 계좌를 오래 지키는 가장 현실적인 출발점이 된다.

주식은 저축과 무엇이 다르고, 왜 위험이 따르는가?

많은 사람은 주식을 저축처럼 생각한다. '시간이 지나면 다시 오르겠지' '오래 들고 있으면 괜찮겠지'라고 믿는다. 그러나 저축과 주식의 구조는 다르다.

주식을 시작하면 많은 사람이 이렇게 느낀다. 은행에 돈을 넣어두는 것과 크게 다르지 않을 것이라고 생각했는데, 하루에도 계좌가 흔들린다. 어제는 수익이었는데 오늘은 손실이 되고, 잠깐 보지 않는 사이에 숫자가 달라진다. 그래서 주식은 너무 위험하다고 느낀다. 하지만 불안의 대부분은 상품이 위험해서가 아니라, 구조를 모른 채 시작했기 때문에 생긴다.

많은 사람은 주식을 저축처럼 생각한다. '시간이 지나면 다시 오르겠지' '오래 들고 있으면 괜찮겠지'라고 믿는다. 그러나 저축과 주식의 구조는 다르다. 저축은 결과가 정해져 있다. 돈을 맡기면 약속된 이자를 받고, 만기가 되면 원금을 돌려받는다. 중간에 경제 상황이 바뀌어도 계약이 유지되는 한 결과는 크게 달라지지 않는다.

주식은 한 회사의 미래에 참여하는 방식이다. 회사의 실적, 산업 환경, 경쟁 상황, 기술 변화에 따라 가치는 계속 바뀐다. 잘하던 회사도 시장이 바뀌면 어려워질 수 있고, 작던 회사도 환경이 바뀌면 빠르게 성장할 수 있다. 주식의 본질은 안정이 아니라 불확실성이다. 이 차이를 모르고 저축처럼 접근하면 위험은 항상 크게 느껴질 수밖에 없다.

워런 버핏은 주식은 종이 조각이 아니라 하나의 사업을 사는 것이라고 말했다. 피터 린치는 투자하기 전에 그 회사가 무엇을 하는지 스스로 설명할 수 있어야 한다고 강조했다. 하워드 막스는 위험은 변동성이 아니라 실제로 돈을 잃을 가능성에서 나온다고 설명한다. 이 말들은 주식이 가격을 바라보는 상품이 아니라, 사업의 상태를 바라보는 투자라는 점을 보여준다.

이 관점에서 보면 주식의 위험은 다르게 보인다. 위험은 주가가 하루에 몇 퍼센트 움직이느냐가 아니다. 내가 투자한 회사의 구조가 흔들리는지, 돈을 벌던 방식이 계속 유지될 수 있는지에 있다. 매출이 줄어들기 시작했는지, 경쟁사가 빠르게 따라오고 있는지, 시장 자체가 줄어들고 있는지가 더 중요한 신호다.

그래서 주식과 저축의 차이는 분명하다. 저축은 결과를 기다리면 된다. 주식은 과정을 관리해야 한다. 실적이 어떻게 바뀌고 있는지, 사업 방향이 유지되고 있는지, 경쟁 환경이 달라지고 있는지를 계속 확인해야 한다. 이 점검이 빠지면 주식은 쉽게 운에 맡기는 선택이 된다.

많은 초보 투자자는 주가가 내려가면, 시간이 지나면 다시 오를 것이라고 생각한다. 그러나 모든 회사가 회복하는 것은 아니다. 산업이 사라지거나 기술 변화에 뒤처지거나 경쟁에서 밀리면 주가는 오랫동안 돌아오지 않을 수도 있다. 이 가능성이 바로 주식의 위험이다.

반대로 회사의 구조가 유지되고 있다면, 단기적인 가격 하락은 위험이 아니라 점검의 계기가 된다. 실적이 유지되고 있고, 시장이 성장하고 있으며, 경쟁력이 지켜지고 있다면 가격 변동은 과정에 가깝다. 이 차이를 구분하지 못하면 하락은 모두 공포로 느껴진다.

주식에서 해야 할 일은 가격을 예측하는 것이 아니라, 회사의 상태를 확인하는 일이다. 구조가 유지되고 있는지를 점검하고, 변화가 시작되는 지점을 살피는 습관이 생기면 위험은 통제 가능한 범위로 들어온다. 저축보다 주식이 어렵게 느껴지는 이유는 투자자에게 더 많은 책임이 있기 때문이다. 그 책임을 받아들이는 순간, 주식은 불안한 선택이 아니라 관리할 수 있는 선택이 된다.

얼마의 돈으로, 어떤 방식으로 주식투자를 시작해야 하는가?

주식은 큰돈으로 시작해야 유리한 게임이 아니라, 감당할 수 있는 범위 안에서 회사를 확인하며 반복해서 점검하는 방식으로 시작해야 오래 살아남는다.

주식은 큰돈으로 시작해야 유리한 게임이 아니라, 감당할 수 있는 범위 안에서 기준을 세우고 반복해서 점검하는 방식으로 시작해야 오래 살아남는다. 주식을 시작하려 하면 먼저 막히는 질문이 있다.

얼마로 시작해야 하는지, 한 번에 사야 하는지, 나눠서 사야 하는지, 지금이 늦은 것은 아닌지 등과 같은 고민이다. 작은 돈으로는 의미가 없을 것 같고, 큰돈을 넣기에는 겁이 난다. 이 불안이 커질수록 시작은 미뤄지고, 준비되지 않은 상태에서 한 번에 크게 베팅하는 선택으로 흘러가기 쉽다.

그래서 초보자는 시작부터 흔들린다. 빨리 수익을 내고 싶어 큰 금액을 넣거나 종목을 여러 개로 늘린다. 수익이 나면 자신감이 과해지고, 손실이 나면 만회하려고 금액을 더 키운다. 문제는 종목이 아니다.

워런 버핏은 이해하지 못하는 것에는 투자하지 않는다고 말했다. 피터 린치는 이해할 수 있는 기업부터 보라고 말했다. 하워드 막스는 수익보다 손실 가능성을 먼저 관리하라고 강조했다. 시작은 화려한 기법이 아니라, 손실을 견딜 수 있는 구조를 만드는 일이다. 이 회사가 무엇으로 돈을 버는지 설명할 수 있는가, 실적이 나빠질 때 이유를 이해할 수 있는가를 먼저 확인해야 한다. 답이 없다면 금액이 작아도 불안은 줄지 않는다.

시작 금액의 기준은 단순하다. 잃어도 일상이 무너지지 않는 여유 자금이다. 생활비, 비상금, 가까운 계획에 쓸 돈은 투자 자금이 아니다. 여유 자금 중 일부로 시작해 경험을 쌓는 것이 맞다. 방식은 나눠서 들어가는 쪽이 안정적이다. 판단이 틀릴 수도 있고 시장이 바뀔 수도 있기 때문이다.

분할 매수는 돈을 버는 기술이 아니라 실수의 충격을 줄이는 장치다. 동시에 한 종목을 정해 분기마다 매출과 이익, 사업 변화만 확인한다. 숫자를 외우기보다 왜 변했는지를 기록한다.

처음 투자할 때 세운 가정이 유지되는지만 점검하면 된다.

주식은 처음부터 잘하려고 하는 일이 아니다. 실수를 통제하며 배우는 일이다. 감당 가능한 금액으로, 나눠서 기록하며 점검하는 방식으로 시작하면, 금액을 늘려도 흔들림이 줄어든다.

처음에는 학습 기간을 정해두는 것이 좋다. 예를 들어 3개월은 수익을 목표로 잡지 않고, 기업을 이해하는 데만 집중한다. 매수는 3번으로 나눈다. 첫 매수는 관찰용으로 작게, 두 번째는 실적 확인 뒤에, 세 번째는 가정이 유지될 때만 한다.

이렇게 하면 올랐으니 더 사야 하나 같은 감정 판단이 줄어든다. 종목도 넓히지 않는다. 한 번에 두 종목을 넘기지 않고, 같은 기준으로만 비교한다. 기록은 어렵지 않다. 왜 샀는지 한 문장, 무엇이 바뀌면 생각을 바꿀지 한 문장, 다음 분기까지 확인할 지표 한 가지를 적어두면 된다. 이 세 줄만 있어도 매매는 충동에서 점검으로 바뀐다.

주식이란 결국 무엇을 사는 것인가?

좋은 회사와 좋은 주식은 항상 같지 않다. 회사는 좋아 보여도 이미 기대가 모두 가격에 반영되어 있을 수 있고, 반대로 평범해 보이는 회사가 구조 변화로 성장할 수도 있다.

주식을 처음 사는 사람에게 주식은 화면 속 숫자처럼 보인다. 빨간색과 파란색이 바뀌고, 계좌의 수익과 손실이 계속 움직인다. 그래서 많은 사람은 주식을 가격이라고 생각한다. 싸 보이면 사고, 오르면 잘한 것 같고, 내리면 틀린 것 같아진다. 이 순간부터 주식은 예측해야 하는 대상이 된다.

그래서 차트만 보고 사고, 뉴스가 나오면 급하게 따라 들어간다. 가격이 기준이 되면 왜 이 회사를 샀는지, 언제까지 보유할 것인지 스스로 설명하기 어려워지고, 매매는 점점 감정에 가까워진다.

피터 린치는 그 회사가 무엇을 하는지 설명할 수 없다면 투자하지 말라고 했다. 하워드 막스는 투자에서 가장 중요한 것은 기대 수익이 아니라 손실 가능성이라고 강조한다. 이 말들은 주식의 정체가 가격이 아니라 기업이라는 점을 분명히 보여준다.

주식을 산다는 것은 그 회사의 현재 모습과 앞으로의 방향에 동의하는 일이다. 이 회사는 무엇으로 돈을 버는가, 그 방식은 쉽게 흔들리지 않는가, 경쟁사는 어떤 위치에 있는가, 시장은 커지고 있는가를 함께 사는 것이다. 주가는 이 질문들에 대한 시장의 평가가 반영된 결과일 뿐이다.

그래서 주식을 살 때 가장 먼저 봐야 할 것은 주식 가격이 아니라 구조다. 매출이 어디에서 나오고 있는지, 이익은 어떤 과정에서 만들어지는지, 비용은 왜 변했는지를 살펴야 한다. 그리고 이 구조가 앞으로도 유지될 수 있는지를 점검해야 한다. 이 과정이 빠지면 주식은 가격 맞히기 게임이 된다.

주식이 어려운 이유는 미래가 보이지 않기 때문이다. 그러나 완전히 모르는 미래에 베팅하는 것은 아니다. 이미 드러난 사업 모델과 산업의 흐름, 경쟁 환경을 통해 방향을 가늠할 수 있다. 주식은 미래를 맞히는 일이 아니라, 가능한 정보로 미래를 추정하는 일이다.

좋은 회사와 좋은 주식은 항상 같지 않다. 회사는 좋아 보여도 이미 기대가 모두 가격에 반영되어 있을 수 있고, 반대로 평범해 보이는 회사가 구조 변화로 성장할 수도 있다. 그래서 주식을 산다는 것은 회사와 함께, 그 회사에 붙은 현재의 평가까지 함께 사는 일이다.

이 관점이 생기면 질문이 달라진다. 이 회사가 잘하고 있는가가 아니라, 지금 가격은 이 회사의 미래를 얼마나 앞서 반영하고 있는가를 보게 된다. 기대가 이미 높다면 작은 실망에도 주가는 크게 흔들릴 수 있다.

주식은 결국 기업과 가격을 함께 바라보는 선택이다. 기업의 구조가 유지되고 있고, 경쟁력과 산업 흐름이 지켜지고 있는지를 점검하는 동안에만, 주식은 단순한 숫자가 아니라 관리할 수 있는 투자로 남는다.

계좌를 만들면 이것부터 가장 먼저 세팅하자

존 보글은 투자에서 가장 강력한 무기는 단순한 규칙이라고 강조했다. 하워드 막스는 실수는 언제나 과도한 행동에서 시작된다고 설명했다.

주식을 처음 시작하면 계좌만 만들면 준비가 끝난 것처럼 느낀다. 그래서 곧바로 종목을 찾고 차트를 본다. 그러나 많은 초보 투자자가 손해를 보는 이유는 종목 때문이 아니라, 아무 통제 없이 바로 사고팔 수 있는 계좌 구조 때문이다.

버튼 하나로 매수와 매도가 가능하다. 이 구조에서는 불안하면 바로 팔고, 조급하면 바로 산다. 계획이 있어도 계좌가 지켜주지 않으면 감정이 먼저 눌린다. 그래서 계좌 세팅은 편의 기능을 켜는 일이 아니라, 실수를 막는 장치를 먼저 만드는 일이다.

워런 버핏은 이해하지 못하는 행동은 아예 하지 않는 구조를 만든다고 말했다. 존 보글은 투자에서 가장 강력한 무기는 단순한 규칙이라고 강조했다. 하워드 막스는 실수는 언제나 과도한 행동에서 시작된다고 설명했다. 이 말들은 모두 계좌를 어떻게 쓰느냐가 성과보다 먼저라는 뜻이다.

계좌에서 가장 먼저 해야 할 세팅은 세 가지다.

첫째, 한 번에 넣을 수 있는 최대 금액을 미리 정해두는 것이다. 마음이 급해지면 금액은 쉽게 커진다. 하루에 사용할 수 있는 한도를 정해두면 충동 매수가 줄어든다.

둘째, 매수 전에 확인해야 할 항목을 정해두는 것이다. 이 회사가 무엇으로 돈을 버는지, 최근 분기 실적이 어떻게 바뀌었는지, 처음 세운 가정이 유지되고 있는지만 확인하면 된다.

셋째, 매도 기준을 계좌 밖에 적어두는 것이다. 화면 안에서는 감정이 먼저 움직인다.

많은 초보자는 손절 가격만 정해두면 관리가 끝났다고 생각한다. 그러나 더 중요한 것은 상황이다. 실적이 꺾였는지, 경쟁 환경이 달라졌는지, 사업 방향이 흔들렸는지를 기준으로 매도 조건을 만들어야 한다. 이 기준이 없으면 하락은 공포가 되고, 상승은 욕심이 된다.

알림 기능은 가격이 아니라 실적 발표일과 주요 공시 일정으로 설정하는 것이 좋다. 주가는 하루에도 여러 번 바뀌지만, 기업의 상태는 분기마다 변한다. 계좌가 가격이 아니라 기업을 보게 만들어야 한다.

기록 공간도 필요하다. 왜 이 종목을 샀는지 한 문장만 적어 두어도 행동이 달라진다. 흔들릴 때 그 문장이 판단 기준이 된다. 기록이 없는 계좌는 항상 그날의 감정이 기준이 된다.

신용과 미수 기능은 처음부터 비활성화하는 것이 좋다. 판단이 틀렸을 때 손실이 빠르게 커지는 구조이기 때문이다. 초보 단계에서 가장 중요한 목표는 수익이 아니라 생존이다.

주식 초보자가 꼭 마음속에
새겨야 할 투자 원칙들

투자의 기본 원칙은 수익을 크게 만드는 것이 아니라, 계좌를 오래 살아남게 만드는 것이다. 판단이 명확할 때만 움직이고, 그렇지 않을 때는 아무것도 하지 않는 것도 중요한 선택이다.

초보 투자자에게 가장 먼저 필요한 것은 기술이 아니라 원칙이다. 원칙이 없는 계좌는 늘 그날의 분위기에 반응한다. 오르면 자신감이 앞서고, 내리면 불안이 먼저 움직인다. 같은 종목을 사도 어떤 날은 길게 들고, 어떤 날은 조금만 흔들려도 팔아버린다. 이 반복이 계좌를 지치게 만든다.

워런 버핏은 첫 번째 규칙은 돈을 잃지 않는 것이고, 두 번째 규칙은 첫 번째 규칙을 잊지 않는 것이라고 말했다. 피터 린치는 이해하지 못하는 기업에는 투자하지 말라고 강조했다. 하워드 막스는 위험을 통제하지 못하면 수익은 의미가 없다고 말했다. 이 세 사람의 말은 모두 같은 원칙을 가리킨다. 수익보다 먼저 지켜야 할 기준이 있다는 뜻이다.

초보자가 우선적으로 마음에 새겨야 할 원칙은 다음의 세 가지다. 첫째, 왜 이 회사를 사는지를 한 문장으로 설명할 수 있어야 한다. 이 문장이 없다면 매수는 정보가 아니라 기대에 가깝다. 둘째, 이 생각이 틀렸다고 판단할 기준을 미리 정해두어야 한다. 실적이 어떻게 바뀌면 판단을 바꿀 것인지, 어떤 변화가 나타나면 보유를 다시 생각할 것인지를 정해두어야 한다. 셋째, 한 번의 매매에서 계좌 전체를 흔들 만큼의 금액을 쓰지 않는다는 규칙이다.

진짜 기준은 회사의 변화다. 매출이 꺾이기 시작했는지, 경쟁 환경이 달라졌는지, 사업 방향이 흔들리고 있는지를 확인해야 한다. 이 기준이 없으면 손절은 늘 감정 뒤에 따라오게 된다.

또 하나 중요한 원칙은 속도다. 자주 사고파는 것이 실력을 의미하지 않는다. 판단이 명확할 때만 움직이고, 그렇지 않을 때는 아무것도 하지 않는 것도 중요한 선택이다. 매매 횟수를 줄이는 것만으로도 실수의 상당 부분은 자연스럽게 사라진다.

비중에 대한 원칙도 필요하다. 한 종목이 계좌 전체를 좌우하지 않도록 구조를 만들어야 한다. 아무리 좋아 보이는 기업이라도, 예상과 다른 방향으로 움직일 수 있기 때문이다. 분산은 수익을 늘리기 위한 기술이 아니라, 틀렸을 때 계좌를 지키기 위한 장치다.

반드시 지켜야 할 원칙이 하나 더 있다. 주가를 보는 시간이 아니라, 기업을 점검하는 시간을 따로 만들어야 한다. 이 습관이 없으면 투자자는 늘 시장의 소음에 끌려다닌다.

투자 원칙은 나를 제한하기 위해 존재하는 규칙이 아니다. 나를 보호하기 위한 장치다. 시장은 언제든 방향을 바꿀 수 있지만, 원칙이 있는 계좌는 흔들리는 속도를 늦출 수 있다. 초보자가 먼저 만들어야 할 것은 수익 전략이 아니라, 실수를 관리하는 기준이다. 이 기준이 생기면, 투자는 점점 감정의 문제가 아니라 점검의 문제가 된다.

---●---

이 장은 사도 되는 주식과 사면 안 되는 주식을 구분하는 기준을 만든다. 좋아 보이는 종목을 찾기보다, 사기 전에 위험한 회사를 먼저 걸러내는 것이 더 중요하다. 돈을 버는 방식이 불명확하거나, 수요가 약하거나, 실적이 일회성이라면 쉽게 흔들린다. 경영진의 태도와 자본 사용 방식은 시간이 지날수록 성과의 차이를 만든다. 부채와 현금흐름, 배당 같은 숫자는 겉모습이 아니라 원인을 보고 해석해야 한다. 이 기준이 생기면 종목 선택은 감이 아니라 점검의 문제로 바뀐다.

2장

사도 되는 주식과
사면 안 되는 주식
구분법

사기 전에 먼저 걸러내야 한다

좋은 주식의
기준은 무엇인가?

좋은 주식의 기준은 돈을 버는 구조가 분명하고 그 구조가 앞으로도 유지될 가능성이 높은 회사. 워런 버핏은 좋은 회사를 고를 때 사업이 얼마나 이해하기 쉬운가를 먼저 본다고 말했다.

주식을 고르려고 하면 대부분 주가부터 본다. 최근에 많이 오른 종목, 뉴스에 자주 나오는 기업, 주변에서 좋다고 말하는 이름이 먼저 눈에 들어온다. 그리고 사람들이 많이 사는 주식이니 좋은 주식일 것이라고 생각한다. 하지만 시간이 지나면 왜 이 회사를 샀는지 스스로 설명하기 어려워진다. 기준 없이 고른 종목은 흔들릴 때마다 이유 없이 불안해진다.

이 회사가 무엇으로 돈을 벌고 있는지, 그 방식이 지금도 작동하고 있는지, 앞으로도 유지될 수 있는지를 먼저 봐야 한다.

워런 버핏은 좋은 회사를 고를 때 사업이 얼마나 이해하기 쉬운가를 먼저 본다고 말했다. 피터 린치는 설명할 수 없는 회사에는 투자하지 않는다고 했다. 이 말들은 좋은 주식의 출발점이 숫자가 아니라 구조라는 점을 보여준다.

좋은 주식의 첫 번째 기준은 돈을 버는 방식이 단순하고 명확한가다. 매출이 어디에서 나오고 있는지, 고객은 누구인지, 왜 이 회사의 제품이나 서비스를 선택하는지를 설명할 수 있어야 한다. 이 질문에 답이 흐릿하면 실적이 흔들릴 때 판단도 함께 흔들린다.

두 번째 기준은 그 구조가 쉽게 무너지지 않는가다. 경쟁사가 쉽게 따라 할 수 있는지, 가격 경쟁에 빠질 가능성은 없는지, 특정 고객이나 제품에 지나치게 의존하지는 않는지를 살펴야 한다. 구조가 약하면 실적은 외부 환경에 크게 흔들린다.

세 번째 기준은 변화에 적응할 힘이 있는가다. 기술과 소비방식은 계속 바뀐다. 좋은 주식은 지금 잘하는 회사가 아니라, 변화 속에서도 스스로를 바꿀 수 있는 회사다.

네 번째 기준은 숫자보다 흐름이다. 일시적으로 좋은 실적보다, 매출과 이익이 어떤 방향으로 움직이고 있는지가 더 중요하다. 분기마다 숫자가 왜 변했는지, 그 변화가 일회성인지 구조적인 변화인지를 구분해야 한다.

재무제표가 어렵게 느껴져도 모든 항목을 볼 필요는 없다. 매출, 영업이익, 그리고 현금이 실제로 늘고 있는지만 확인해도 충분하다. 돈을 벌고 있는지, 그 돈이 회사 안에 남고 있는지를 보는 것이 핵심이다.

또 하나 중요한 기준은 기대가 이미 주가에 얼마나 반영되어 있는가다. 회사가 좋아 보여도, 그 기대가 이미 가격에 담겨 있다면 수익의 여지는 줄어든다. 좋은 회사와 좋은 주식이 항상 같은 뜻은 아니다.

좋은 주식의 기준은 복잡하지 않다. 돈을 어떻게 버는지 이해할 수 있는가, 구조가 쉽게 무너지지 않는가, 변화에 적응할 힘이 있는가, 그리고 현재 가격이 모든 기대를 이미 담고 있지는 않은가를 차분히 확인하면 된다.

이 회사는 정확히
어떻게 돈을 벌고 있는가?

재무제표는 이 구조가 실제로 작동하고 있는지를 확인하는 도구다. 매출이 늘고 있는지, 이익이 함께 늘고 있는지, 현금이 남고 있는지를 보면 말보다 숫자가 먼저 대답한다. 숫자는 구조의 결과다.

주식을 사면서도 이 질문에 바로 답하지 못하는 경우가 많다. 반도체 회사라서, 플랫폼 기업이라서, 성장 산업에 속해 있어서라는 말은 많지만, 정작 이 회사가 누구에게 무엇을 팔아 얼마를 남기는지는 또렷하지 않다. 구조가 흐릿하면 주가가 흔들릴 때마다 판단도 함께 흔들린다.

많은 초보 투자자는 매출이 크면 좋은 회사라고 생각한다. 하지만 매출이 크다는 사실만으로는 부족하다. 중요한 것은 어떤 고객이, 어떤 이유로 반복해서 이 회사의 제품이나 서비스를 선택하는지다. 돈을 버는 구조는 단순히 상품이 아니라, 선택의 이유에 있다.

피터 린치는 회사가 무엇을 하는지 아이에게 설명할 수 없다면 투자하지 말라고 했다. 하워드 막스는 수익보다 먼저 사업 구조가 얼마나 안정적인지를 보라고 강조했다. 이 말들은 모두 같은 질문으로 모인다. 이 회사는 어떻게 돈을 벌고 있는가다.

이 질문을 풀기 위해 가장 먼저 볼 것은 매출의 출처다. 이 회사의 매출은 어떤 제품이나 서비스에서 나오고 있는가, 고객은 개인인가 기업인가, 특정 고객이나 특정 계약에 지나치게 의존하고 있지는 않은가를 확인해야 한다. 매출원이 한쪽에 몰려 있다면, 실적은 작은 변화에도 크게 흔들릴 수 있다.

다음은 이익이 만들어지는 과정이다. 매출이 늘어도 원가와 비용이 함께 늘어나면 이익은 남지 않는다. 이 회사가 가격을 스스로 정할 수 있는 힘이 있는지, 아니면 경쟁 때문에 항상 가격을 낮춰야 하는 구조인지가 중요하다. 가격 결정권이 약한 회사는 성장해도 이익이 따라오지 않는 경우가 많다.

세 번째는 반복성이다. 이 회사의 매출은 일회성인가, 아니면 같은 고객이 계속해서 다시 구매하는 구조인가를 봐야 한다. 유지보수, 구독, 소모품, 장기 계약처럼 반복 구조가 있는 기업은 실적의 예측 가능성이 높아진다. 예측이 가능하다는 것은 곧 위험이 낮아진다는 뜻이다.

네 번째는 경쟁이다. 이 회사가 돈을 벌 수 있는 이유가 기술, 브랜드, 유통망, 전환 비용 같은 장벽 때문인지, 아니면 단순히 시장이 좋아서인지 구분해야 한다. 장벽이 없는 구조에서는 경쟁이 늘어날수록 수익성이 빠르게 나빠진다.

이 네 가지를 연결해보면 구조가 보인다. 누구에게 무엇을 팔고, 어떤 방식으로 이익을 남기며, 그 흐름이 얼마나 반복되고, 경쟁자는 얼마나 쉽게 따라올 수 있는지다. 이것이 바로 이 회사의 돈 버는 구조다.

주식을 산다는 것은 이 구조가 앞으로도 유지될 것이라는 가정에 동의하는 일이다. 그래서 이 회사가 어떻게 돈을 버는지 설명할 수 없다면, 그 주식은 아직 내 것이 아니다. 구조를 이해하는 순간부터, 주식은 가격이 아니라 사업으로 보이기 시작한다.

이 사업의 수요는 진짜 존재하는가?

이 사업의 수요는 유행이나 기대가 아니라, 고객이 실제로 돈을 내고 반복해서 선택하고 있는지로 판단해야 한다. 수요는 시장의 분위기가 아니라 고객의 지갑에서 확인해야 한다.

주식을 볼 때 많은 사람은 먼저 성장 산업이라는 말을 믿는다. 인공지능, 2차전지, 바이오, 플랫폼처럼 이름만 들어도 커 보이는 분야에 속해 있으면 수요도 당연히 많을 것이라고 생각한다. 그러나 산업이 크다는 사실과, 그 회사의 제품이 실제로 팔리고 있다는 사실은 다르다. 수요는 시장의 분위기가 아니라 고객의 지갑에서 확인해야 한다.

초보 투자자가 가장 많이 착각하는 부분은 관심과 수요를 같은 것으로 보는 것이다. 검색이 많고 뉴스에 자주 나오고, 사람들이 많이 이야기하는 사업이 곧 잘 팔리는 사업이라고 생각한다. 하지만 사람들의 관심이 실제 구매로 이어지지 않으면, 그 사업은 매출로 증명되지 않는다. 주식에서 중요한 것은 화제성이 아니라 지불 의사다.

워런 버핏은 사람들이 계속 사고 싶어 하는 제품과 서비스를 가진 기업을 선호한다고 말했다. 피터 린치는 매장에서 직접 보고 사람들이 실제로 쓰는 제품에서 투자 아이디어를 얻는다고 했다. 하워드 막스는 기대가 아니라 확인된 현실이 투자 판단의 출발점이 되어야 한다고 강조했다. 이 말들은 모두 수요는 이야기로 만드는 것이 아니라, 이미 존재하는지를 확인해야 한다는 뜻이다.

수요를 확인하는 첫 번째 방법은 매출이다. 이 사업이 실제로 매출을 만들고 있는지, 그리고 그 매출이 분기마다 늘고 있는지를 본다. 아직 매출이 거의 없거나, 매출이 있어도 계속 줄어들고 있다면 수요는 검증되지 않은 상태일 가능성이 크다.

두 번째는 고객이다. 이 회사의 고객이 누구인지, 개인인지 기업인지, 특정 몇 곳에 매출이 집중되어 있지는 않은지를 확인해야 한다. 진짜 수요는 고객이 넓고 분산되어 있을 때 더욱 안정적이다.

세 번째는 반복 구매다. 한 번 팔고 끝나는 사업인지, 같은 고객이 계속해서 다시 구매하는 구조인지를 봐야 한다. 구독, 소모품, 유지보수처럼 반복 구조가 있다면 수요의 지속성은 더욱 높아진다.

네 번째는 대체 가능성이다. 고객이 이 회사의 제품을 굳이 선택해야 할 이유가 있는지, 아니면 다른 제품으로 쉽게 바꿀 수 있는지를 살펴야 한다. 쉽게 바꿀 수 있다면, 수요는 가격이나 마케팅에 따라 빠르게 이동할 수 있다.

마지막으로 봐야 할 것은 수요의 방향이다. 지금은 팔리고 있지만, 이 수요가 앞으로도 늘어날 가능성이 있는지, 아니면 이미 정점에 가까운지를 생각해야 한다. 인구 구조, 소비 습관, 기술 변화는 수요의 크기 자체를 바꾼다. 과거에 잘 팔렸다는 사실만으로는 충분하지 않다.

수요는 말로 만들어지지 않는다. 고객이 돈을 내는 순간에만 존재한다. 이 단순한 기준을 지키는 것만으로도, 사도 되는 사업과 기대만 앞선 사업은 분명하게 갈라진다.

회사의 과거 실적은 얼마나 지속 가능한가?

과거 실적은 이미 끝난 성과가 아니라, 앞으로도 같은 구조가 유지될 수 있는지를 점검하기 위한 출발점이다. 과거 실적이 좋았다는 사실만으로 앞으로도 괜찮을 것이라고 판단하는 것은 매우 위험하다.

주식을 볼 때 많은 사람은 가장 먼저 실적부터 확인한다. 매출이 늘었는지, 이익이 많이 났는지, 몇 년 동안 꾸준히 성장했는지를 본다. 숫자가 좋아 보이면 안심이 된다. 그러나 과거 실적이 좋았다는 사실만으로 앞으로도 괜찮을 것이라고 판단하는 것은 매우 위험하다. 주식에서 중요한 것은 실적의 크기가 아니라, 그 실적이 만들어진 이유다.

초보 투자자가 가장 자주 하는 실수는 실적을 결과로만 바라보는 것이다. 작년에 잘 벌었고, 재작년에도 잘 벌었으니 앞으로도 괜찮을 것이라고 생각한다. 하지만 실적은 언제나 원인의 결과다. 그 원인이 사라지면 숫자는 아주 빠르게 달라진다.

워런 버핏은 기업의 과거 성과보다 그 성과를 만들어낸 경쟁력이 앞으로도 유지될 수 있는지를 더 중요하게 본다고 말했다. 피터 린치는 숫자가 좋아 보이는 기업이라도, 그 이유를 설명할 수 없다면 의미가 없다고 했다. 이 말들은 모두 같은 질문으로 이어진다. 이 실적은 앞으로도 반복될 수 있는가다.

과거 실적을 볼 때 가장 먼저 확인해야 할 것은 성장의 이유다. 매출이 늘어난 이유가 신규 고객 때문인지, 가격 인상 때문인지, 일시적인 계약 때문인지를 구분해야 한다. 일회성 요인으로 만들어진 실적은 다음 해에 쉽게 사라질 수 있다. 반대로 기존 고객이 늘어나고, 반복 구매가 증가해 만들어진 실적은 지속 가능성이 높다.

두 번째는 이익의 질이다. 매출은 늘었지만 비용이 함께 급증하고 있다면, 실적은 겉으로만 좋아 보일 수 있다. 이익이 구조적으로 개선되고 있는지, 아니면 비용을 일시적으로 줄여 만들어낸 숫자인지를 구분하는 것이 중요하다.

세 번째는 외부 환경이다. 환율, 원자재 가격, 금리, 정부 정책 같은 외부 요인이 실적에 어떤 영향을 주고 있는지를 살펴야 한다. 외부 환경 덕분에 좋아진 실적이라면, 환경이 바뀌는 순간 실적도 함께 꺾일 수 있다.

네 번째는 경쟁 상황이다. 경쟁이 심해지면 가격은 내려가고, 마진은 줄어든다. 과거 실적이 만들어질 당시의 경쟁 구조와, 지금의 경쟁 구조가 같은지를 반드시 비교해야 한다.

다섯 번째는 투자와 비용의 방향이다. 미래를 위한 투자 때문에 당장의 이익이 줄어들 수는 있다. 이런 경우라면 실적이 일시적으로 나빠 보여도 구조는 오히려 좋아질 수 있다. 반대로 미래를 위한 투자 없이 비용만 줄여 만든 실적이라면, 숫자는 좋아 보여도 기반은 약해진다.

과거 실적을 볼 때는 숫자 자체보다 "이 성장은 어디에서 나왔는가, 이 이익은 어떤 구조에서 만들어졌는가, 그리고 그 구조는 앞으로도 유지될 수 있는가"라는 질문이 중요하다. 과거 실적은 정답이 아니다. 참고 자료다. 실적을 보고 안심하는 순간, 이미 판단은 늦어진다.

회사의 경영진은 얼마나 신뢰할 수 있는가?

경영진을 신뢰할 수 있는지는 말이 아니라, 과거의 선택과 숫자에 남은 행동, 위기에서의 대응과 자본을 쓰는 방식까지 함께 보고 판단해야 한다.

주식을 고를 때 많은 사람은 사업과 실적만 본다. 그러나 시간이 지날수록 성과의 차이는 경영진에서 갈리는 경우가 많다. 같은 산업에 있고, 비슷한 기술을 가지고 있어도, 어떤 회사는 꾸준히 성장하고 어떤 회사는 방향을 잃는다. 그 차이는 대부분 의사결정에서 나온다.

초보 투자자가 가장 쉽게 빠지는 착각은 CEO의 말이 좋아 보이면 믿어도 된다고 생각하는 것이다. 인터뷰에서 비전을 말하고, 미래 전략을 설명하고, 성장 이야기를 하면 회사도 잘할 것처럼 느껴진다. 하지만 경영진은 말을 잘하는 사람이 아니라, 결과로 책임지는 사람이어야 한다.

워런 버핏은 훌륭한 경영진은 정직함과 합리성을 함께 갖춘 사람이라고 말했다. 피터 린치는 경영진이 주주를 어떻게 대하는지를 가장 중요하게 본다고 했다. 이 말들은 경영진을 볼 때 성과보다 태도와 기록을 먼저 보라는 뜻이다.

경영진을 평가할 때 가장 먼저 볼 것은 과거의 약속이다. 이전에 제시한 목표와 전략이 실제로 어떻게 실행되었는지를 확인해야 한다. 계획은 늘 그럴듯할 수 있지만, 중요한 것은 실행이다.

두 번째는 자본을 어떻게 써 왔는가다. 좋은 경영진은 매출보다 자본의 효율을 더 중요하게 다룬다.

세 번째는 위기에서의 행동이다. 실적이 나쁠 때 책임을 외부 환경 탓으로만 돌리는지, 아니면 문제를 인정하고 방향을 조정했는지를 살펴야 한다.

네 번째는 주주를 대하는 방식이다. 회사의 성과보다 경영진 개인의 이익이 먼저 커지는 구조라면, 장기 투자자는 불리해진다.

다섯 번째는 사업의 일관성이다. 매년 새로운 사업을 들고 나오며 방향이 자주 바뀌는 회사는 내부에서도 기준이 흔들리고 있을 가능성이 크다. 핵심 사업이 무엇인지가 분명한지부터 살펴야 한다.

경영진을 판단할 때 중요한 점은, 미래를 얼마나 멋지게 설명하느냐가 아니다. 과거에 어떤 선택을 했고, 그 선택이 어떤 결과로 이어졌는지를 보는 것이다. 경영진의 성향은 이미 숫자와 기록 속에 남아 있다.

좋은 경영진은 항상 완벽한 결정을 내리는 사람이 아니다. 잘못된 판단을 인정하고, 방향을 고치며, 주주의 이익을 함께 생각한다. 이런 경영진이 있는 회사는 시간이 지나도 신뢰를 유지할 가능성이 높다.

사업이 좋아 보여도, 그 방향을 결정하는 사람이 신뢰할 수 없다면 회사는 쉽게 흔들린다. 그래서 경영진을 보는 일은 선택이 아니라, 사도 되는 주식과 사면 안 되는 주식을 가르는 중요한 기준이 된다.

회사의 성장 가능성은 무엇으로 판단해야 하는가?

성장 가능성은 화려한 전망이 아니라, 매출이 늘어나는 이유가 앞으로도 반복될 수 있는지로 판단해야 한다. 그 숫자가 만들어진 구조를 이해할 때 그 회사의 성장 가능성은 현실적인 판단 대상이 된다.

주식투자를 하다 보다 보면 '성장주'라는 말을 자주 듣게 된다. 시장이 커지고 있고, 산업 전망이 밝다는 설명이 따라붙는다. 이런 이야기를 들으면 이 회사는 앞으로 크게 성장할 것처럼 느껴진다. 그러나 산업이 성장한다는 사실과, 그 회사가 실제로 성장한다는 사실은 다르다. 성장 가능성은 분위기가 아니라 구조로 확인해야 한다.

많은 초보 투자자는 성장 가능성을 매출 증가율이나 목표 시장 규모로 판단한다. 숫자가 크고, 그래프가 가파르면 안심이 된다. 하지만 중요한 질문은 따로 있다. 이 회사의 매출이 왜 늘고 있는가, 그리고 그 이유가 앞으로도 유지될 수 있는가다. 이유가 분명하지 않으면 성장도 오래가지 않는다.

워런 버핏은 빠르게 성장하는 기업보다, 오랫동안 좋은 구조를 유지할 수 있는 기업을 선호한다고 말했다. 피터 린치는 성장의 핵심은 제품이나 서비스가 실제 생활 속에서 계속 선택되고 있는지에 있다고 설명했다. 이들의 말은 성장 가능성을 볼 때 속도보다 지속성을 먼저 보라는 뜻이다.

성장을 판단할 때 가장 먼저 봐야 하는 것은 고객이다. 광고나 할인으로 일시적으로 늘어난 매출은 성장처럼 보이지만, 구조적인 힘은 아니다. 반대로 제품이 좋아서 자연스럽게 이용자가 늘고 있다면 성장의 질은 높다.

두 번째는 확장 방식이다. 이 회사가 새로운 지역, 새로운 고객, 새로운 제품으로 확장할 수 있는 구조를 가지고 있는지를 봐야 한다.

세 번째는 추가 비용이다. 매출이 늘어날 때마다 인력과 마케팅 비용이 같은 속도로 늘어나는 구조라면, 성장해도 이익은 남지 않는다. 반대로 매출이 늘수록 비용 증가 속도가 느려지는 구조라면, 성장과 함께 수익성도 좋아질 수 있다.

네 번째는 경쟁이다. 시장이 커질수록 경쟁도 함께 늘어난다. 성장하는 시장에 속해 있다는 이유만으로 안전하다고 볼수 없다. 경쟁사가 쉽게 따라올 수 없는 기술, 브랜드, 유통망, 전환 비용 같은 장벽이 있는지를 함께 확인해야 한다. 장벽이 없다면 성장의 열매는 빠르게 나눠진다.

마지막으로 봐야 할 것은 과거의 성장 방식이다. 이 회사가 지금까지 어떻게 성장해 왔는지를 보면 앞으로의 방향도 어느 정도 보인다. 인수합병으로만 매출이 늘어났는지, 내부 경쟁력으로 성장했는지를 구분해야 한다. 내부 힘으로 커진 기업이 변화에도 더 강하다.

성장 가능성은 멀리 있는 미래가 아니다. 이미 나타나고 있는 변화의 연속이다. 고객이 늘고 있는지, 반복 사용이 늘고 있는지, 확장이 가능한 구조인지, 그리고 성장할수록 이익이 함께 커질 수 있는지를 차분히 확인하면 된다.

회사의 부채는
어느 수준부터 위험해지는가?

부채는 꼭 나쁜 것이 아니다. 그러나 부채에 의존해 성과를 유지하는 회사는 작은 충격에도 크게 흔들린다. 이익으로 이자를 감당할 수 있는지, 현금이 실제로 남고 있는지 등을 함께 점검하면 된다.

주식을 보다 보면 어떤 회사는 빚이 많고, 어떤 회사는 빚이 거의 없다. 그래서 초보 투자자는 부채가 많으면 무조건 나쁜 회사라고 생각하기 쉽다. 반대로 부채가 적으면 안전한 기업이라고 느낀다. 하지만 실제 투자에서는 빚의 많고 적음보다 훨씬 중요한 기준이 따로 있다. 그 회사가 빚을 감당할 수 있는 구조를 가지고 있는지다.

많은 사람은 부채비율 숫자부터 본다. 숫자가 높으면 위험하고, 낮으면 괜찮다고 판단한다. 그러나 같은 부채비율이라도 어떤 회사는 안정적이고, 어떤 회사는 매우 불안정하다. 부채는 숫자가 아니라 구조로 봐야 한다.

워런 버핏은 좋은 기업은 외부 자금에 크게 의존하지 않고도 사업을 유지할 수 있는 힘을 가지고 있어야 한다고 말했다. 피터 린치는 빚이 많은 기업은 상황이 나빠질 때 회복이 훨씬 어렵다고 설명했다. 이 말들은 모두 부채를 볼 때 현재가 아니라 위기의 순간을 함께 떠올려야 한다는 뜻이다.

부채가 위험해지는 첫 번째 신호는 이익으로 이자를 감당하지 못하는 경우다. 영업이익이 줄어들기 시작했는데도 이자 비용이 계속 부담이 된다면, 회사는 본업보다 빚을 유지하는 데 더 많은 힘을 써야 한다.

두 번째는 현금흐름이다. 회계상 이익이 아니라, 실제로 현금이 들어오고 있는지를 봐야 한다. 매출과 이익은 좋아 보여도, 현금이 계속 빠져나가고 있다면 빚을 갚을 힘은 약해진다.

세 번째는 만기 구조다. 빚이 언제 돌아오는지를 확인해야 한다. 단기간에 상환해야 할 부채가 몰려 있다면, 시장이 조금만 나빠져도 자금 조달이 막힐 수 있다. 장기 부채가 많고 상환 일정이 분산되어 있다면, 같은 부채 규모라도 위험은 훨씬 낮다.

네 번째는 빚을 쓰는 목적이다. 미래 성장을 위한 설비 투자나 경쟁력을 높이기 위한 투자라면, 부채는 기업 가치를 키우는 도구가 될 수 있다. 하지만 실적을 유지하기 위한 운영 자금이나, 과거 손실을 메우기 위한 차입이 반복된다면, 그 부채는 시간을 벌기 위한 수단에 가깝다.

다섯 번째는 경기와의 관계다. 경기가 나빠질수록 매출이 크게 줄어드는 사업 구조라면, 부채의 위험은 훨씬 커진다. 반대로 경기와 상관없이 비교적 안정적인 수요를 가진 사업이라면, 같은 부채라도 충격을 흡수할 여력이 있다.

대부분의 초보 투자자는 부채가 많아도 지금은 잘 벌고 있으니 괜찮다고 생각한다. 그러나 부채의 진짜 문제는 잘될 때가 아니라, 상황이 나빠질 때 드러난다. 실적이 꺾이는 순간에도 이자를 내고, 만기를 넘기고, 투자를 이어 갈 수 있는지가 핵심이다.

회사의 이익이 줄어들 때 왜 주가가 먼저 반응하는가?

주식에서 중요한 것은 발표된 숫자를 해석하는 능력이 아니라, 숫자가 나오기 전의 변화를 읽는 능력이다. 주가가 먼저 반응하는 이유는 시장이 특별히 똑똑해서가 아니다. 수많은 정보가 동시에 반영되기 때문이다.

초보 투자자는 실적이 발표된 뒤에 주가가 움직일 것이라고 생각한다. 이익이 줄어들었다는 뉴스가 나오면 그때 주가가 떨어질 것 같고, 실적이 좋게 나오면 그때 오를 것처럼 느낀다. 하지만 실제 시장에서는 많은 경우 주가가 먼저 움직이고, 실적은 나중에 따라온다. 그래서 막상 실적이 나쁘게 발표되면 "이미 빠질 만큼 빠졌다"는 말을 듣게 된다.

이 차이는 주가가 과거를 보는 숫자가 아니라, 미래를 예상하는 가격이기 때문에 생긴다. 실적은 이미 끝난 결과다. 반면 주가는 다음 분기, 다음 해의 이익이 어떻게 바뀔지를 미리 반영하려고 한다.

피터 린치는 기업의 문제가 숫자로 드러나기 전에, 현장과 사업 흐름에서 먼저 나타난다고 설명했다. 하워드 막스는 시장은 언제나 가능성을 먼저 가격에 담는다고 강조했다. 이 말들은 모두 주가가 실적보다 빠를 수밖에 없는 구조를 보여준다.

이익이 줄어들기 전에 나타나는 신호는 이미 여러 곳에서 나온다. 주문이 줄어들고, 재고가 늘고, 할인 판매가 많아지고, 신규 고객 증가 속도가 둔화된다. 원가가 오르는데 가격을 올리지 못하거나, 경쟁이 심해져 마진이 조금씩 깎이기도 한다. 이런 변화는 재무제표에 바로 찍히지 않지만, 기업 내부에서는 먼저 감지된다.

시장은 이런 작은 변화를 조각처럼 모아 해석한다. 특정 기업의 실적 가이던스가 낮아지거나, 산업 전반의 전망이 나빠지거나, 경쟁사의 실적이 흔들리기 시작하면, 아직 발표되지 않은 이익 감소 가능성도 함께 반영된다. 그래서 실제 숫자가 줄어들기 전에 주가는 먼저 반응한다.

반대로 이익이 늘어날 때도 구조는 같다. 주문이 늘고, 신규 고객이 빠르게 늘어나고, 가격 인상에도 수요가 유지되면, 실적이 나오기 전부터 기대가 주가에 반영된다. 실적 발표는 확인 과정에 가깝다.

초보 투자자가 가장 많이 하는 실수는 이렇게 생각하는 것이다. 아직 실적은 괜찮으니 주가 하락은 과도한 반응일 것이라고 판단한다. 그러나 중요한 질문은 지금의 숫자가 아니라, 다음의 숫자가 어떻게 바뀔 가능성이 있는가다.

그래서 주가가 먼저 움직일 때 확인해야 할 것은 단순하다. 이 회사의 돈 버는 구조가 흔들리고 있는지, 아니면 단기적인 잡음인지다. 매출의 방향, 마진의 변화, 경쟁 환경, 산업 흐름을 함께 봐야 한다. 이 변화가 구조적인 신호라면, 주가의 선반영은 과장이 아니라 경고에 가깝다.

이익이 줄어들기 전에 주가가 움직인다는 사실을 이해하면, 하락은 무조건적인 공포가 아니라 점검의 신호가 된다. 지금의 가격이 아니라, 앞으로의 이익 구조가 어떻게 바뀌고 있는지를 확인하는 것, 그것이 주가가 먼저 움직이는 이유를 알 수 있는 방법이다.

회사의 현금흐름은
왜 가장 중요한 지표인가?

현금흐름은 이익이 아니라, 회사가 실제로 돈을 만들어 내고 있는지를 보여주는 현실적인 기준이다. 숫자만 좋은 회사와 구조가 건강한 회사를 가르는 가장 단순한 기준이 현금흐름이다.

주식을 처음 배우면 대부분 이익부터 살핀다. 매출과 영업이익, 순이익이 좋아 보이면 회사도 건강하다고 느낀다. 그러나 투자에서 더 중요한 질문은 따로 있다. 이 회사가 실제로 돈이 남아돌아가고 있는가 하는 것이다. 이익은 회계 기준으로 계산된 숫자다. 아직 받지 못한 매출이 포함될 수도 있고, 실제 현금 유출이 연기되었을 수도 있다. 그래서 이익만으로 회사의 체력을 판단하는 것은 위험할 수 있다.

현금흐름을 봐야 하는 첫 번째 이유는 생존이다. 급여, 원가,

이자, 투자는 모두 현금이 있어야 가능하다. 이익이 나고 있어도 현금이 부족하면 차입이나 유상증자에 의존하게 되고, 그 순간 투자자의 지분 가치는 흔들릴 수 있다.

두 번째 이유는 이익의 질을 확인할 수 있기 때문이다. 이익은 늘어나는데 영업활동 현금흐름이 계속 나빠진다면, 매출채권 증가나 재고 누적처럼 숫자만 앞선 구조일 수 있다. 현금흐름은 이익이 진짜인지 아닌지를 걸러준다.

세 번째 이유는 성장의 안전성이다. 내부에서 만들어진 현금이 충분하면 투자는 안정적으로 이어진다. 반대로 현금이 부족한 상태에서 성장만 앞서면 차입과 증자에 의존하게 되고, 성장의 방식이 달라진다.

현금흐름에서 가장 먼저 볼 것은 영업활동 현금흐름이다. 본업에서 실제로 돈이 들어오는지를 확인해야 한다. 투자나 재무활동으로 들어온 현금은 일시적인 경우가 많다.

이익과 현금흐름의 방향을 함께 본다. 둘이 같은 방향으로 움직이면 구조는 비교적 건강하다. 이익은 늘어나는데 현금흐름이 나빠진다면 그 이유를 반드시 확인해야 한다.

또 하나 중요한 점은 변동성이다. 현금 유입이 분기마다 크게 흔들리면 외부 환경에 민감하다는 뜻이고, 위기에서 버틸

힘도 약해진다.

　많은 초보자는 이익이 나고 있으니 괜찮다고 생각한다. 하지만 기업이 흔들릴 때는 이익보다 현금이 먼저 마른다. 거래처가 늦게 돈을 주고, 재고가 쌓이고, 비용은 그대로 나가면서 현금이 줄어든다. 그 뒤에야 이익이 꺾인다.

　그래서 현금흐름은 과거를 보여 주는 지표가 아니라, 위험을 먼저 보여 주는 지표에 가깝다. 본업으로 실제 돈을 벌고 있는지, 그 돈이 꾸준히 남고 있는지만 확인해도 구조는 상당 부분 보인다. 숫자만 좋은 회사와 구조가 건강한 회사를 가르는 가장 단순한 기준이 현금흐름이다.

배당이 높은 주식은 왜 함정이 되기도 하는가?

배당은 보너스이지, 기준이 되어서는 안 된다. 먼저 봐야 할 것은 이 회사가 앞으로도 돈을 벌 수 있는 구조를 유지하고 있는가다. 그 구조가 확인된 뒤에 받는 배당만이, 진짜 의미 있는 배당이다.

주식을 고르다 보면 유난히 눈에 띄는 숫자가 있다. 바로 배당수익률이다. 예금보다 훨씬 높아 보이고, 주가가 크게 오르지 않아도 매년 현금을 받을 수 있을 것처럼 느껴진다. 그래서 많은 초보 투자자는 배당이 높은 주식을 안전한 투자라고 생각하기 쉽다.

하지만 배당이 높아 보이는 이유부터 먼저 살펴야 한다. 배당수익률은 배당금과 주가로 계산된다. 배당이 갑자기 늘어서 높아질 수도 있지만, 대부분은 주가가 크게 떨어지면서 수치가 높아진 경우가 많다. 다시 말해 배당이 좋아서가 아니라, 회사에 대한 기대가 낮아졌기 때문에 숫자가 커진 경우도 많다.

워런 버핏은 배당보다 기업이 벌어들인 돈을 어떻게 다시 투자하는지가 더 중요하다고 말했다. 피터 린치는 높은 배당보다, 그 배당이 어디에서 나오는지를 먼저 보라고 강조했다. 하워드 막스는 투자에서 가장 위험한 순간은 좋아 보이는 숫자가 구조를 가릴 때라고 설명했다. 이 말들은 배당을 볼 때 결과가 아니라 원인을 보라는 뜻이다.

가장 먼저 확인해야 할 것은 배당의 재원이다. 회사가 벌어들인 이익과 현금으로 배당을 주고 있는지, 아니면 빚을 늘리거나 자산을 팔아 배당을 유지하고 있는지를 봐야 한다. 현금흐름이 나쁜데도 배당이 유지된다면, 그 배당은 오래가기 어렵다.

두 번째는 배당 이후의 회사 상태다. 배당을 주고 나서도 설비 투자와 연구 개발, 인력 투자를 충분히 할 수 있는지 확인해야 한다. 배당 때문에 미래를 위한 투자가 줄어들고 있다면, 지금의 배당은 내일의 경쟁력을 깎아 먹는 선택이 된다.

세 번째는 사업의 성장 단계다. 이미 성장이 거의 끝난 산업이라면 배당 중심 전략이 맞을 수 있다. 하지만 아직 경쟁이 치열하고 기술 변화가 빠른 산업에서 높은 배당을 유지하는 회사는, 장기적으로 뒤처질 가능성도 함께 커진다.

네 번째는 배당의 지속성이다. 과거 몇 년 동안 배당이 꾸준히 이어졌는지, 실적이 나빠질 때도 무리하게 배당을 유지하지는 않았는지를 확인해야 한다. 위기 때 배당을 줄이거나 멈출 수 있는 회사가 오히려 재무적으로 더 건강한 경우도 많다.

초보 투자자가 가장 많이 하는 착각은 배당이 나오니 주가가 내려도 괜찮다는 생각이다. 하지만 배당보다 더 크게 주가가 떨어지면, 전체 수익은 오히려 나빠진다. 배당은 손실을 막아주는 안전장치가 아니다.

배당이 높은 주식이 항상 나쁜 것은 아니다. 본업으로 현금을 만들고, 투자와 배당을 동시에 감당할 수 있다면 배당은 장점이 된다. 그러나 성장 여력을 희생하면서 만든 배당이라면, 그 주식은 겉보기보다 훨씬 위험할 수 있다.

---●---

이 장은 ETF 전성시대에 ETF로 돈을 버는 방법을 정리한다. ETF 는 여러 종목을 한 번에 담아 한 회사에 판단이 몰리지 않게 만드 는 도구다. 다만 ETF는 편한 상품이 아니라, 가격 형성과 괴리, 스 프레드 같은 비용을 이해해야 제대로 쓸 수 있다. 추적 성과와 보 수는 작아 보여도 시간이 지나면 수익을 꾸준히 깎는다. 월배당과 레버리지·인버스처럼 기능이 강한 상품일수록 돈의 출처와 대가를 먼저 확인해야 한다. ETF로 돈을 번다는 것은 비법을 찾는 일이 아니라 비용과 실수를 줄이며 흐름을 오래 타는 습관이다.

< 3장 >

ETF 전성시대,
ETF 투자로
돈 버는 법

ETF의 구조부터 이해하고 투자하다

ETF란 무엇인가?

ETF는 여러 종목을 한 번에 담아, 하나의 주식처럼 사고팔 수 있도록 만든 묶음 투자 상품이다. ETF의 성과는 운이나 테마보다, 그 기초가 되는 시장의 흐름에 의해 결정된다.

주식투자를 처음 시작하면 가장 어려운 부분이 종목을 고르는 일이다. 어떤 회사를 사야 할지, 지금 이 가격이 비싼지 싼지, 이 기업이 앞으로도 잘될지를 혼자 판단해야 한다. 그래서 많은 초보 투자자는 몇 개의 종목에만 집중하다가, 한 번의 실수로 계좌가 크게 흔들리는 경험을 하게 된다.

ETF는 이 구조를 다르게 만든다. ETF는 하나의 회사가 아니라, 특정 시장이나 산업, 지수를 구성하는 여러 종목을 한 바구니에 담아 놓은 상품이다. 예를 들어 코스피200 ETF를 사면,

코스피200에 들어 있는 대표 기업들을 동시에 보유하는 효과가 난다. 종목을 고르는 문제가, 시장을 고르는 문제로 바뀐다.

워런 버핏은 대부분의 개인 투자자에게는 개별 종목보다 시장 전체에 투자하는 방식이 더 합리적이라고 말했다. 존 보글은 분산 투자를 가장 단순하게 실현하는 수단이 지수형 상품이라고 설명했다. 하워드 막스는 위험을 줄이는 가장 현실적인 방법은 한 번의 판단에 모든 결과를 맡기지 않는 것이라고 강조했다. 이 말들은 ETF가 만들어진 이유와 정확히 맞닿아 있다.

ETF의 가장 큰 특징은 분산이다. 한 기업의 실적이 나빠져도, 다른 기업이 그 영향을 일부 상쇄해준다. 그래서 개별 종목에 투자할 때보다 변동성이 상대적으로 작아진다. 이는 수익을 크게 만들기 위한 장점이 아니라, 계좌가 크게 흔들릴 가능성을 낮추기 위한 구조다.

또 하나의 특징은 거래 방식이다. ETF는 펀드이지만, 주식처럼 장중에 바로 사고팔 수 있다. 가격을 보고 바로 매수하거나 매도할 수 있고, 계좌 안에서 일반 주식과 같은 방식으로 관리할 수 있다. 복잡한 가입 절차나 환매 절차 없이, 매매 화면에서 바로 거래가 가능하다. ETF는 자동으로 분산이 되는 상품이지만, 자동으로 수익이 나는 상품은 아니다. 어떤 시장, 어떤 산업, 어떤 자산을 묶어 놓은 ETF인지에 따라 성과는 크게 달라진다. 결국 ETF를 산다는 것은 종목을 고르는 대신, 구조를 고르는 선택이다.

ETF를 이해할 때 가장 중요한 점은 이 상품이 무엇을 추종하고 있는가다. 개별 기업을 추종하는 것이 아니라, 특정 지수, 산업, 국가, 자산군의 움직임을 그대로 따라가도록 설계되어 있다. 그래서 ETF의 성과는 운이나 테마보다, 그 기초가 되는 시장의 흐름에 의해 결정된다.

주식투자에서 가장 큰 실수는 한 번의 판단에 모든 결과를 걸어 버리는 것이다. ETF는 이 위험을 구조적으로 낮추기 위해 만들어진 상품이다. 여러 기업을 동시에 보유하고, 시장의 평균적인 움직임을 따라가도록 설계된 도구이기 때문이다.

ETF란 결국, 종목 대신 구조에 투자하는 방식이다. 한 회사를 맞히는 게임이 아니라, 어떤 흐름과 어떤 시장에 참여할 것인지를 선택하는 도구다. 이 차이를 이해하는 순간, ETF는 단순한 상품이 아니라 계좌를 안정적으로 운용하기 위한 기본 도구가 된다.

ETF는 왜 초보자에게
더 유리한가?

ETF는 개인이 반복해서 저지르기 쉬운 판단 실수를 구조적으로 줄이도록 설계된 상품이기 때문에, 투자 경험이 많지 않은 사람에게 특히 유리하다.

주식투자를 처음 시작하면 가장 먼저 부딪히는 문제는 선택이다. 어떤 종목을 사야 하는지, 언제 갈아타야 하는지, 지금 판단이 맞는지 스스로 확신하기 어렵다. 그래서 초보자는 한두 개 종목에 집중하거나, 이미 오른 종목을 뒤늦게 따라 산다. 이때 종목 수가 적을수록 한 번의 선택이 계좌 전체에 미치는 영향이 지나치게 커진다.

ETF가 초보자에게 유리한 가장 큰 이유는 자동 분산 구조다. ETF, 한 종목 안에는 이미 여러 기업들이 들어 있다. 개별 종목에 투자하면 한 기업의 실수가 곧 계좌의 손실로 이어지지만,

ETF에서는 한 기업의 부진이 전체 성과에 미치는 영향이 제한된다. 실수를 완전히 없앨 수는 없지만, 한 번의 실수가 계좌를 무너뜨리는 구조는 아니다.

존 보글은 장기 성과에서 가장 중요한 요소는 종목 선택이 아니라 비용과 분산이라고 설명했다. 하워드 막스는 위험을 낮추는 가장 좋은 방법은 결과가 한 판단에 몰리지 않도록 만드는 것이라고 강조했다. 이 관점은 ETF 구조와 정확히 맞닿아 있다.

두 번째 장점은 규칙이 이미 상품 안에 들어 있다는 점이다. ETF는 정해진 지수나 기준에 따라 종목이 편입되고 빠진다. 실적이 나빠지거나 시가총액이 줄어든 기업은 비중이 낮아지고, 성장한 기업은 자동으로 비중이 늘어난다. 개인이 매번 판단하지 않아도, 일정한 기준에 따라 구성 종목이 관리된다. 투자자가 해야 할 일은 이 규칙이 어떤 지수를 따르는지만 이해하는 것이다.

세 번째는 감정 개입이 줄어든다는 점이다. 개별 종목은 작은 뉴스 하나에도 크게 흔들리기 쉽다. 반면 ETF는 여러 기업이 묶여 있기 때문에 단기 이슈에 의한 가격 변동이 상대적으로 완만하다. 이 구조는 공포와 흥분에 따른 충동 매매를 줄이는 데 실제로 도움이 된다.

　네 번째는 관리가 단순하다는 점이다. 초보자는 여러 종목을 동시에 관리하기 어렵다. 실적, 공시, 산업 뉴스까지 모두 따라가기 힘들다. ETF는 개별 기업 분석 대신 하나의 시장이나 산업 흐름만 점검하면 된다. 관리 대상이 줄어들면 판단 부담도 함께 줄어든다.

　ETF는 수익을 크게 만들어주는 도구라기보다, 계좌가 망가지지 않도록 하는 도구에 가깝다. 초보자에게 가장 중요한 것은 큰 기회를 잡는 것이 아니라, 오랫동안 시장에 남아 있을 수 있는 시스템을 만드는 것이다. ETF는 판단의 난이도를 낮추고, 위험이 한쪽으로 쏠리는 구조를 막아준다.

　ETF가 구조적으로 유리하다는 말은 쉽게 벌 수 있다는 뜻이 아니다. 대신 잘못된 판단이 계좌 전체로 번지는 위험을 줄여준다는 뜻이다. 이것이 ETF가 초보자에게 유리한 가장 현실적인 이유다.

ETF 가격은
어떻게 만들어지는가?

ETF의 가격은 단순한 수요와 공급이 아니라, 기초자산의 가치와 가격을 되돌려 놓는 조정 구조가 함께 작동하면서 만들어진다. ETF의 가격은 단순한 시세가 아니라 구조가 만든 결과다.

  ETF를 보다 보면 같은 자산을 담고 있는데도 가격이 미묘하게 달라진다. 어떤 날은 기초지수가 거의 움직이지 않았는데도 ETF 가격이 먼저 오르거나 내리기도 한다. 그래서 초보자는 ETF 가격이 왜 이렇게 움직이는지 쉽게 혼란을 느낀다. 그러나 이 움직임은 무작위가 아니라 일정한 구조 안에서 발생한다.

  ETF의 출발점은 기초자산의 가치다. ETF 안에는 여러 주식이나 채권, 원자재가 들어 있고, 이 자산들을 모두 더한 값이 순자산가치다. 시장에서는 이 값을 기준으로 ETF가 어느 정도 가격에 거래되어야 하는지가 계산된다. 이를 실시간으로 반영한 값이 투자자가 참고하는 기준 가격이다.

하지만 실제 거래 가격은 매수자와 매도자가 만나는 호가에서 결정된다. 주식처럼 장중에 사고파는 구조이기 때문에 순간적으로는 기준 가격과 차이가 생길 수 있다. 이때 가격을 다시 기준 쪽으로 되돌리는 역할을 하는 주체가 유동성 공급자다.

유동성 공급자는 ETF 가격이 기준보다 지나치게 높아지거나 낮아질 때, 시장에 매도와 매수를 동시에 공급해 가격 차이를 줄인다. 가격이 기준보다 높으면 ETF를 팔고 기초자산을 사서 교환하고, 반대로 가격이 지나치게 낮으면 ETF를 사서 기초자산으로 바꾼다. 이 과정이 반복되면서 ETF 가격은 다시 기준 근처로 움직이게 된다.

워런 버핏은 시장 가격은 언제든 흔들릴 수 있지만, 결국 가치는 구조에 의해 설명된다고 말했다. 존 보글은 투자자는 가격 그 자체보다, 가격이 만들어지는 구조를 이해해야 한다고 강조했다. ETF 가격 역시 구조를 이해해야 불필요한 오해와 성급한 매매를 줄일 수 있다.

ETF 가격이 기초자산과 완전히 같아지지 않는 또 하나의 이유는 거래 시간과 시장 환경 때문이다. 해외 자산을 담은 ETF

는 기초시장이 열려 있지 않을 때도 국내 시장에서 거래된다. 이때는 실제 자산 가격 대신 선물 가격, 환율, 이전 종가 등을 반영한 추정 기준을 바탕으로 거래가 이뤄진다. 그래서 장중에는 일시적인 괴리가 나타날 수 있다.

또 하나 중요한 요소는 호가 간격이다. 거래가 활발하지 않은 ETF는 매수와 매도 가격 차이가 벌어지기 쉽다. 이 경우 기준 가격과 큰 차이가 없어 보여도, 실제로는 불리한 가격에 체결될 수 있다. 따라서 ETF를 고를 때는 가격뿐 아니라 거래량과 호가 상태도 함께 확인해야 한다.

ETF 가격은 누군가 임의로 정하는 숫자가 아니다. 기초자산의 가치, 기준 가격, 유동성 공급자의 조정 거래, 그리고 시장의 호가가 동시에 작동하면서 만들어진 결과다. 이 구조를 이해하면 ETF 가격이 잠시 흔들리는 장면에서도 과도하게 불안해질 필요가 없어진다.

괴리율은 왜 생기고
언제 가장 위험해지는가?

괴리율은 ETF의 실제 거래 가격과 기초자산의 가치 사이에 생기는 차이이며,
이 차이가 커질수록 투자자가 감당해야 할 숨은 위험도 함께 커진다.

ETF를 보다 보면 기초지수는 거의 움직이지 않았는데, 내가
산 ETF 가격은 예상보다 높거나 낮게 체결되는 경우가 있다.
이때 투자자는 가격이 이상하다고 느끼지만, 실제로는 ETF 구
조 안에서 자연스럽게 발생하는 현상인 경우가 많다. 이 가격
차이가 바로 괴리율이다.

괴리율은 ETF의 시장가격과 순자산가치 사이의 차이로 계
산된다. 순자산가치는 ETF 안에 들어 있는 모든 자산을 현재
가격으로 계산해 만든 기준값이다. 그러나 ETF는 주식처럼 시
장에서 바로 사고팔 수 있기 때문에, 실제 체결 가격은 매수자

와 매도자의 주문에 따라 움직인다. 이 과정에서 기준값과 거래 가격 사이에 간격이 생긴다.

괴리율이 생기는 가장 큰 이유는 거래 환경이다. ETF를 사고파는 사람이 몰리는 시간에는 가격이 빠르게 움직이고, 주문이 적은 시간에는 가격이 기준값에서 멀어지기 쉽다. 특히 거래량이 적은 ETF일수록 매수와 매도 가격의 간격이 넓어지고, 그만큼 괴리도 커진다.

또 하나 중요한 원인은 기초자산의 거래 시간이다. 해외 주식이나 해외 채권을 담은 ETF는 기초시장이 열려 있지 않은 시간에도 국내에서 거래된다. 이때 ETF 가격은 실제 자산 가격이 아니라, 선물 가격이나 환율, 이전 종가를 바탕으로 형성된다. 그래서 장중에는 기준값 자체가 추정치에 가깝게 계산되고, 이로 인해 괴리가 더 쉽게 발생한다.

괴리율이 항상 위험한 것은 아니다. 시장이 빠르게 움직이거나, 일시적으로 주문이 몰릴 때는 잠깐 발생했다가 다시 정상 수준으로 돌아오는 경우도 많다. 중요한 것은 괴리가 커진 상태가 오래 지속되느냐다.

괴리율이 특히 위험해지는 상황은 거래가 한쪽으로 쏠릴 때다. 특정 테마 ETF나 급등한 상품에 매수 주문이 몰리면, 실제 기초자산 가치보다 비싼 가격에 EIF가 거래될 수 있다. 이때 유동성 공급자가 조정 거래를 하기 전까지는 가격이 쉽게 정상화되지 않는다. 반대로 매도 주문이 급격히 늘어나는 상황에서는 기준값보다 지나치게 낮은 가격에 팔리게 될 위험도 커진다.

초보 투자자가 가장 많이 하는 실수는 괴리율을 수익 기회처럼 보는 것이다. 기준값보다 싸 보여 싸게 살 수 있다고 생각하거나, 비싸게 거래되니 더 오를 것이라고 판단한다. 그러나 대부분의 경우 괴리는 구조가 만들어낸 일시적 왜곡일 뿐, 방향성을 알려주는 신호가 아니다.

그래서 ETF를 매수하기 전에는 반드시 현재 괴리율과 함께 거래량, 호가 간격을 같이 확인해야 한다. 괴리율이 크고 거래가 얇다면, 가격 자체보다 체결 조건이 더 큰 위험이 된다.

괴리율은 ETF가 나쁜 상품이라는 뜻이 아니다. 다만 ETF는 구조를 이해하지 않으면, 같은 자산을 더 비싸게 사고, 더 싸게 파는 실수를 반복하게 만든다.

스프레드와 유동성은
왜 실제 비용이 되는가?

스프레드와 유동성은 눈에 보이는 수수료가 아니지만, ETF 투자에서 가장 먼저 빠져나가는 실제 비용이다.

ETF를 살 때 대부분은 보수나 세금만 비용이라고 생각한다. 하지만 매수 버튼을 누르는 순간 이미 하나의 비용이 발생한다. 바로 매수 가격과 매도 가격의 차이다. 이 차이가 스프레드다. 매수 호가와 매도 호가 사이의 간격이 넓을수록, 투자자는 시작과 동시에 손해를 안고 출발하게 된다.

스프레드는 단순한 숫자 차이가 아니다. 지금 이 가격에 바로 사 줄 사람과, 지금 이 가격에 바로 팔아 줄 사람이 얼마나 많은지를 보여 주는 지표다. 이 두 주문이 촘촘하게 붙어 있으면 스프레드는 좁아지고, 주문이 드물면 스프레드는 쉽게 벌어진다. 결국 스프레드는 유동성의 결과다.

유동성이란 그 ETF가 얼마나 쉽게 사고팔 수 있는가를 의미한다. 거래량이 많고 호가가 촘촘하면 유동성이 좋다. 반대로 거래가 거의 없고, 호가가 듬성듬성 놓여 있으면 유동성은 나쁘다. 유동성이 나쁜 ETF에서는 작은 주문 하나만으로도 가격이 크게 움직일 수 있다.

초보 투자자가 가장 많이 하는 착각은 스프레드는 체결할 때만 한 번 손해를 보는 것이라고 생각하는 것이다. 하지만 실제로는 다르다. 매수할 때 한 번, 매도할 때 한 번, 같은 비용이 반복된다. 스프레드는 왕복 비용이다. 매매를 자주 할수록 누적 비용은 빠르게 커진다.

특히 거래량이 적은 ETF에서는 이 비용이 더 크게 체감된다. 기준 가격과 큰 차이가 없어 보이는데도, 실제 체결 가격은 항상 불리한 쪽에서 이뤄진다. 눈으로 보는 가격보다, 내가 실제로 체결한 가격이 중요한 이유가 여기에 있다.

유동성이 좋지 않은 ETF에서는 가격이 기준 가치와 크게 어긋나지 않더라도, 체결 과정에서 불리한 가격을 감수해야 한다. 또한 시장이 흔들릴 때는 호가가 갑자기 사라지면서 스프레드가 급격히 넓어지기도 한다. 이때는 팔고 싶어도 원하는 가격에 팔기 어렵다.

그래서 ETF를 고를 때는 수익률이나 테마보다 먼저 거래 환경을 봐야 한다. 하루 평균 거래량이 충분한지, 매수와 매도 호가가 얼마나 촘촘하게 붙어 있는지, 장중에 호가가 자주 비는 구간이 있는지를 확인해야 한다. 이 조건이 나쁘면, ETF 구조가 아무리 좋아도 실제 투자 성과는 쉽게 깎인다.

또 하나 중요한 점은 투자 대상이 해외 자산일수록 스프레드가 더 넓어질 수 있다는 것이다. 기초시장이 열려 있지 않은 시간에는 가격을 맞추기 어려워지고, 유동성 공급도 제한되기 때문이다. 이 시간대에 거래하면 체결 비용이 더 커질 수 있다.

스프레드와 유동성은 투자자의 실력과 무관하게 발생하는 비용이다. 시장을 맞혀도, 방향이 맞아도, 거래 환경이 나쁘면 수익은 줄어든다. 그래서 ETF에서는 무엇을 사느냐보다, 어떤 환경에서 사느냐가 먼저다. 스프레드는 작아 보이지만 반복되면 가장 확실하게 계좌를 깎아먹는다.

추적 오차와 추적 차이는 왜 발생하는가?

추적 오차와 추적 차이는 ETF의 품질을 보여 주는 신호다. 지수를 그대로 따라가도록 설계된 상품이라면, 그 약속을 얼마나 꾸준히 지키고 있는지가 성과의 핵심이 된다.

ETF를 보면 기초지수는 크게 변하지 않았는데, 내가 가진 ETF 수익률은 미묘하게 다를 때가 있다. 하루 이틀은 우연처럼 보이지만, 시간이 쌓이면 그 차이는 분명해진다. 이때 나타나는 현상이 바로 추적 오차와 추적 차이다.

추적 오차는 ETF 수익률이 지수와 얼마나 흔들리며 어긋나는지를 보여 주는 개념이고, 추적 차이 일정 기간 동안 실제로 벌어진 수익률 차이를 뜻한다.

이 차이가 생기는 가장 기본적인 이유는 비용이다. ETF는 운용보수를 매일 조금씩 차감한다. 지수에는 없는 비용이 ETF에는 존재한다. 이 보수는 시간이 지날수록 누적되며, 자연스럽게 수익률 차이로 나타난다. 눈에 잘 보이지 않지만 가장 꾸준하게 발생하는 원인이다.

두 번째 원인은 구성 종목을 그대로 복제하지 못하는 구조다. 일부 ETF는 지수에 포함된 모든 종목을 똑같이 담지 않고, 대표 종목만 골라 담는 방식으로 운용된다. 이 경우 시장이 급변하거나 특정 종목이 크게 움직이면, 지수와 ETF의 움직임이 조금씩 어긋날 수 있다.

세 번째는 매매 시점의 차이다. 지수는 특정 시점의 가격을 기준으로 계산되지만, ETF는 실제로 종목을 사고팔아야 한다. 지수 구성 종목이 바뀌는 날, ETF는 같은 시점에 같은 가격으로 매매할 수 없다. 이 시간차와 체결 가격의 차이가 누적되면 추적 차이가 생긴다.

네 번째는 현금 보유와 배당 처리 방식이다. ETF는 투자자 환매에 대비해 일부 현금을 들고 있거나, 배당이 발생한 뒤 일정 기간 현금으로 보유하기도 한다. 지수는 항상 전액 투자된 상태로 계산되기 때문에, 이런 현금 구간이 길어질수록 지수와 ETF 사이에는 성과 차이가 발생한다.

다섯 번째는 해외 자산과 환율 영향이다. 해외 주식이나 채권을 담은 ETF는 기초자산 가격 외에도 환율 변동이 동시에 반영된다. 지수와 ETF가 같은 환율 가정을 사용하지 않거나, 환헤지 방식이 다르면 같은 시장을 따라가도 결과는 달라진다.

추적 오차가 크다는 것은 단순히 운용이 나쁘다는 뜻이 아니다. 거래가 활발하지 않거나, 구조상 완전 복제가 어려운 시장을 추종한다면 일정 수준의 차이는 자연스럽게 발생한다. 중요한 것은 그 차이가 일시적인지, 구조적으로 반복되는지다.

그래서 ETF를 고를 때는 단기 수익률보다 장기 추적 차이를 먼저 확인해야 한다. 몇 년 동안 지수와 얼마나 안정적으로 비슷한 성과를 냈는지, 특정 시기마다 반복적으로 뒤처지지는 않았는지를 살펴야 한다. 또한 보수 수준과 복제 방식, 환헤지 여부도 함께 봐야 한다.

ETF 보수는 수익률을 얼마나 깎아먹는가?

ETF 보수는 작아 보이지만, 시간이 지날수록 수익률에 가장 꾸준하게 영향을 주는 비용이다. 방향을 맞히는 능력보다, 불필요한 비용을 줄이는 선택이 계좌를 더 오래 지켜준다.

ETF를 고를 때 많은 투자자는 보수가 낮으면 크게 신경 쓸 필요가 없다고 생각한다. 연 0.1%나 0.2% 정도라면 체감이 거의 없을 것처럼 느껴진다. 그러나 ETF 보수는 한 번만 내는 비용이 아니라, 투자 기간 동안 매일 조금씩 반복해서 빠져나가는 구조다.

ETF 보수는 주가처럼 눈에 보이는 방식으로 차감되지 않는다. ETF의 기준 가격에 이미 반영된 상태로 계산된다. 그래서 투자자는 따로 수수료가 빠져나가는 장면을 보지 못한다. 하지만 시간이 지날수록 지수와 ETF 수익률 사이의 차이로 누적된다.

보수의 가장 큰 특징은 방향과 무관하다는 점이다. 시장이 오르든 내리든, 보수는 매일 같은 방식으로 차감된다. 수익이 날 때만 내는 비용이 아니라, 손실이 나는 구간에서도 동일하게 빠져나간다. 그래서 장기 투자일수록 보수의 영향은 더 분명해진다.

존 보글은 장기 투자에서 가장 확실하게 수익률을 깎는 요소는 비용이라고 강조했다. 찰리 멍거는 투자 성과의 차이는 대개 작은 숫자가 오랜 시간 반복되면서 만들어진다고 설명했다. ETF 보수는 바로 이 구조적 차이를 만드는 핵심 요소다.

보수의 차이는 단순한 숫자 비교로 끝나지 않는다. 같은 지수를 추종하는 ETF라도, 보수가 높은 상품은 장기적으로 항상 불리한 출발선에 서게 된다. 추적 차이의 상당 부분이 보수에서 발생하는 이유도 여기에 있다.

특히 장기 투자에서 보수는 복리 효과와 함께 작용한다. 매년 수익이 쌓이는 과정에서 보수가 먼저 빠져나가고, 그 줄어든 금액을 기준으로 다음 해의 수익이 계산된다. 이 작은 차이가 시간이 지나면 눈에 띄는 격차로 커진다.

초보 투자자가 자주 하는 실수는 테마나 마케팅 문구에 더 주목하고, 보수는 마지막에 확인하는 것이다. 그러나 ETF는 구조가 비슷할수록, 비용이 성과를 좌우하는 비중이 커진다. 같은 시장을 따라가는 상품이라면, 결국 남는 차이는 비용이다.

보수를 볼 때는 숫자 하나만 보면 안 된다. 운용보수 외에도 실제 추적 성과가 얼마나 안정적인지, 장기적으로 지수를 얼마나 잘 따라왔는지도 함께 봐야 한다. 보수가 낮아도 구조상 추적 차이가 반복된다면, 체감 성과는 더 나빠질 수 있다.

ETF 보수는 수익을 만들어주지는 않지만, 수익을 줄이는 힘은 분명하다. 그래서 ETF를 고를 때 가장 쉬우면서도 효과적인 기준은 보수다. 방향을 맞히는 능력보다, 불필요한 비용을 줄이는 선택이 계좌를 더 오래 지켜준다.

레버리지와 인버스 ETF는 왜 장기투자에 치명적인가?

레버리지와 인버스 ETF는 수익을 키우기 위해 만든 상품이 아니라, 하루 변동을 증폭해 추종하도록 설계된 구조다. 그렇기 때문에 근본적으로는 장기 보유와 맞지 않다.

레버리지 ETF는 기초지수의 하루 움직임을 두 배나 세 배로 따라가도록 만들어진 상품이다. 인버스 ETF는 지수가 오를 때 반대로 움직이도록 설계되어 있다. 겉으로 보면 방향만 맞히면 빠르게 수익을 낼 수 있을 것처럼 보인다. 그러나 이 상품의 핵심은 '기간'이 아니라 '하루'다.

레버리지와 인버스 ETF는 모두 일간 수익률을 기준으로 목표 배수를 맞추도록 설계된다. 오늘의 지수 변동률을 기준으로 매일 포지션을 다시 조정하는 방식이다. 이 구조 때문에 며칠,

몇 달이 지나면 기초지수의 누적 수익률과 ETF의 누적 수익률은 크게 달라질 수 있다.

가장 큰 이유는 복리 효과가 아니라 변동성 누적 효과 때문이다. 지수가 오르고 내리는 과정이 반복되면, 레버리지 ETF는 같은 자리를 맴도는 시장에서도 가치가 점점 깎일 수 있다. 상승과 하락이 번갈아 나타나는 구간에서는, 매일 기준이 다시 설정되면서 손실이 구조적으로 누적된다.

예를 들어 지수가 하루 5% 하락했다가 다음 날 5% 오르면, 지수는 거의 제자리로 돌아온다. 하지만 같은 구간에서 레버리지 ETF는 하루 손실이 먼저 크게 반영되고, 다음 날의 상승은 줄어든 기준에서 계산된다. 결과적으로 기초지수보다 회복 속도가 느려진다.

또 하나 중요한 점은 비용 구조다. 레버리지와 인버스 ETF는 파생상품을 사용해 노출을 조정한다. 이 과정에서 발생하는 거래 비용과 롤오버 비용, 운용 비용은 일반 ETF보다 높다. 이 비용 역시 매일 기준가에 반영되며 장기 보유일수록 누적된다.

시장 환경도 문제를 키운다. 변동성이 커질수록 일간 재조정 규모는 커지고, 그만큼 구조적 손실 가능성도 함께 커진다. 방향을 맞혀도 시장이 흔들리는 기간이 길어지면 성과는 기대와 다르게 나타난다.

초보 투자자가 가장 많이 하는 오해는 장기적으로 지수가 오를 것 같으니 레버리지 ETF를 오래 들고 가면 더 많이 벌 수 있을 것이라는 생각이다. 그러나 레버리지 ETF는 장기 수익을 증폭시키도록 설계된 상품이 아니라, 하루 수익률을 증폭시키도록 만들어진 상품이다. 설계 목적 자체가 다르다.

인버스 ETF도 마찬가지다. 하락에 대비하는 보험처럼 보이지만, 장기간 보유하면 시장의 등락과 변동성 누적으로 인해 원래 의도와 다른 결과가 나타날 수 있다. 특히 횡보 구간이 길어질수록 구조적 손실이 커진다.

레버리지와 인버스 ETF는 방향을 짧은 기간 안에 확인하고, 명확한 매매 계획과 손절 기준이 있을 때만 사용하는 도구에 가깝다. 장기 투자용 포트폴리오에 넣기에는 구조적으로 불리하다. 레버리지와 인버스 ETF는 수익을 빠르게 만들 수도 있지만, 동시에 빠르게 계좌를 깎아내릴 수도 있다.

배당 ETF는 왜 배당률만 보고 고르면 위험한가?

배당 ETF에서 가장 위험한 착각은, 높은 배당률이 곧 높은 수익이라고 믿는 것이다. 배당 ETF는 현금 흐름이 필요한 투자자에게 의미 있는 도구가 될 수 있다. 그러나 높은 배당률은 상품의 장점이 아니다.

배당 ETF를 검색하면 가장 먼저 보게 되는 숫자는 배당률이다. 연 7%, 8%라는 수치는 예금이나 일반 ETF와 비교하면 매우 매력적으로 보인다. 그래서 많은 투자자는 어떤 종목을 담고 있는지보다, 얼마나 자주 얼마를 나눠 주는지를 먼저 본다. 하지만 배당 ETF에서 진짜 중요한 것은 배당률이 아니라, 그 배당이 어디에서 만들어지는가다.

배당 ETF의 분배금은 항상 기업이 벌어들인 이익에서만 나오지는 않는다. ETF 안에 들어 있는 종목이 지급한 배당이 기본이 되지만, 일부 상품은 옵션 프리미엄, 매매 차익, 혹은 기존 자산을 줄여서 분배금을 만드는 구조를 함께 사용한다. 겉으로 보이는 분배금은 같아도, 그 돈의 성격은 완전히 다를 수 있다.

특히 최근에 많이 늘어난 커버드콜 ETF나 인컴형 ETF는 배당 구조를 반드시 이해해야 한다. 이 상품들은 주가 상승의 일부를 포기하는 대신, 옵션 프리미엄을 받아 분배금을 만든다. 분배금은 꾸준해 보이지만, 기초자산이 크게 오르는 구간에서는 일반 ETF보다 수익이 제한될 수 있다.

또 하나 중요한 점은 기준가격의 변화다. 배당 ETF는 분배금을 지급한 만큼 기준가격이 낮아진다. 분배금을 많이 받았다고 느끼지만, 동시에 ETF 가격이 내려가 있다면 전체 수익은 생각보다 크지 않을 수 있다. 분배금과 가격 변화를 함께 봐야 실제 성과가 보인다.

배당 ETF에서 자주 발생하는 또 다른 착각은 분배금이 안정적이면 자산도 안정적일 것이라는 생각이다. 그러나 배당 구조가 무리하게 유지되면, ETF는 장기적으로 기준가격이 조금씩 깎일 수 있다. 분배금이 유지되는데 가격이 계속 내려가는 구조라면, 투자자는 원금을 나눠 받고 있는 셈이 될 수도 있다.

세금 구조도 함께 봐야 한다. 해외 자산을 담은 배당 ETF나

파생 구조를 활용하는 상품은 분배금의 과세 방식이 다를 수 있다. 같은 분배금을 받아도 실제로 손에 남는 금액은 달라진다. 배당률만 보면 이 차이는 드러나지 않는다.

그래서 배당 ETF를 고를 때는 세 가지를 함께 봐야 한다. 첫째, 분배금이 어떤 구조에서 만들어지는가. 둘째, 분배 이후 기준가격이 장기적으로 어떤 흐름을 보였는가. 셋째, 동일한 기초자산을 추종하는 일반 EIF와 장기 성과가 어떻게 달랐는가다.

배당 ETF는 현금 흐름이 필요한 투자자에게 분명히 의미 있는 도구가 될 수 있다. 그러나 높은 배당률은 상품의 장점이 아니라, 구조를 확인하라는 신호에 가깝다.

배당 ETF에서 진짜 기준은 '얼마를 나눠 주느냐가 아니라, 자산의 힘이 유지되면서 나눠 주고 있는가'다. 분배금은 결과일 뿐이고, 투자 성과는 구조에서 결정된다. 배당률만 보고 고른 배당 ETF는, 가장 중요한 앞의 질문을 건너뛴 선택일 수 있다.

월배당 ETF,
매달 받는 돈은 진짜 수익일까?

월배당 ETF의 배당은 '매달 새로 생기는 돈'이 아니라, ETF 안에 담긴 자산이
만들어낸 수익과 구조적으로 정해진 분배 방식에서 나온다.

월배당 ETF를 처음 접하면 매달 꼬박꼬박 돈이 들어오니, 마
치 안정적인 현금 흐름이 자동으로 만들어지는 것처럼 보인다.
특히 은퇴나 생활비를 떠올리는 사람에게 월배당은 매우 매력
적으로 느껴진다. 하지만 많은 투자자는 그 돈이 어디서 나오
는지 정확히 알지 못한 채 '월배당'이라는 이름만 보고 상품을
고른다. 이때부터 오해가 시작된다.

월배당 ETF의 배당은 크게 네 가지 원천에서 만들어진다. 첫
째는 ETF가 보유한 주식이 실제로 지급하는 배당이다. 예를

들어 고배당 기업을 많이 담은 ETF라면, 그 기업들이 분기나 반기로 지급한 배당이 모여 ETF의 분배 재원이 된다. 둘째는 채권 ETF의 이자 수익이다. 채권에서 나오는 이자가 매달 쌓여 분배금의 기반이 된다. 셋째는 옵션 전략에서 발생하는 프리미엄이다. 커버드콜 ETF처럼 보유한 자산 위에 옵션을 팔아 얻는 수익이 매달 현금 흐름으로 들어온다. 넷째는 '원금의 일부를 되돌려주는 방식'이다.

여기서 가장 많이 착각하는 부분이 바로 네 번째다. 분배금이 높아 보이지만, 실제로는 ETF가 벌어들인 수익이 아니라 기존 자산의 일부를 쪼개서 돌려주는 구조일 수 있다. 이 경우 매달 현금은 들어오지만, ETF의 기준가와 순자산가치는 그만큼 줄어든다. 즉, 배당을 받으면서 동시에 내 자산의 몸통이 조금씩 깎일 수 있다. 월배당이라는 형식이 곧 수익의 크기를 보장하는 것은 아니다.

월배당 ETF가 나쁜 상품이라는 뜻은 아니다. 오히려 현금 흐름이 필요한 투자자에게는 매우 유용한 도구가 될 수 있다. 다만 월배당의 성격은 ETF의 구성에 따라 완전히 달라진다. 고배당 주식형 ETF는 기업 실적이 배당의 지속성을 좌우한다. 채권형 ETF는 금리와 채권 가격이 분배 여력을 바꾼다. 옵션 전략 ETF는 시장 변동성과 옵션 프리미엄 환경에 따라 분배금이 크게 달라진다.

월배당 ETF를 볼 때 가장 중요한 기준은 분배금의 크기가 아니라, 분배금의 '출처'다. 분배금 공시에서 이자, 배당, 옵션 수익, 자본 환급 비중이 어떻게 구성되어 있는지를 먼저 확인해야 한다. 같은 월배당이라도 어떤 ETF는 수익에서 나오고, 어떤 ETF는 자산에서 나오기 때문이다.

월배당 ETF의 진짜 역할은 생활비를 만들어주는 마법이 아니라, 자산의 일부를 현금 흐름으로 바꿔주는 구조에 가깝다. 그래서 월배당 ETF는 수익을 키우는 도구라기보다, 이미 만들어진 자산을 어떻게 쓰고 분배할 것인가의 문제에 더 가까운 상품이다. 이 차이를 이해하지 못하면, 매달 들어오는 돈만 보고 자산이 실제로 늘고 있는지 줄고 있는지를 놓치게 된다.

월배당 ETF의 배당은 공짜가 아니다. 반드시 누군가가 벌어온 수익이거나, 아니면 내 자산의 일부다. 이 구분이 선명해지는 순간, 월배당 ETF는 '편한 상품'이 아니라, 목적에 맞게 써야 할 금융 도구로 보이기 시작한다.

미국 ETF와 국내 상장 해외 ETF의 차이는 무엇인가?

미국 ETF는 해외 시장에 직접 연결되는 구조이고, 국내 상장 해외 ETF는 국내 시장을 통해 간접 연결되는 구조다. 편의성과 접근성은 국내 상장 해외 ETF가 높고, 가격 형성과 자산 연결 구조의 단순성은 미국 ETF가 높다.

미국 ETF와 국내 상장 해외 ETF의 가장 큰 차이는 투자자가 자산에 연결되는 방식과 거래 구조에 있다.

미국 ETF는 말 그대로 미국 거래소에 상장된 상품이다. 한국 투자자가 이 ETF를 매수하면, 달러로 환전해 미국 시장에서 직접 거래하는 구조가 된다. 가격은 미국 시장의 수급으로 실시간 결정되고, 주가 변동과 함께 환율 변동이 동시에 수익률에 반영된다. 주식 가격이 오르더라도 환율이 하락하면 체감 수익이 줄어들 수 있고, 반대로 주가 변동이 크지 않아도 환율 변화로 수익이 달라질 수 있다.

반면 국내 상장 해외 ETF는 한국 거래소에 상장된 상품이다. 이름은 미국 주식이나 해외 지수를 추종하지만, 실제 매매는 원화로 이루어진다. 투자자는 국내 주식과 똑같이 주문하고 체결한다. 해외 주식을 직접 사고파는 것이 아니라, 국내에 만들어진 ETF라는 그릇을 통해 해외 자산에 연결되는 구조다.

이 구조 차이는 운용 방식에서 더 분명해진다. 국내 상장 해외 ETF는 운용사가 해외 주식, 해외 ETF, 선물 계약 등을 활용해 기초지수를 따라간다. 투자자는 해외 자산을 직접 보유하는 것이 아니라, 운용사가 만들어 놓은 추적 구조를 통해 간접적으로 연결된다.

가격이 만들어지는 방식도 다르다. 미국 ETF는 미국 시장이 열려 있는 시간 동안 실제 매매 가격이 그대로 반영된다. 반면 국내 상장 해외 ETF는 한국 시장이 열려 있는 시간에만 거래된다. 해외 시장이 닫혀 있을 때는 전일 종가, 선물 가격, 환율 등을 기준으로 가격이 형성된다. 이 구간에서는 실제 기초자산의 움직임과 시장 가격 사이에 괴리가 생길 수 있다.

그래서 국내 상장 해외 ETF는 괴리율 관리가 중요해진다. 시장 상황이 급변하거나 해외 선물이 크게 움직일 경우, 단기적으로는 실제 지수 흐름과 체결 가격이 다르게 움직일 수 있다.

유동성에서도 차이가 나타난다. 미국 ETF는 글로벌 투자자들이 동시에 참여하기 때문에 거래량이 매우 풍부한 상품이 많다. 그만큼 매수·매도 스프레드가 좁고, 대량 거래에서도 가격 충격이 상대적으로 작다. 국내 상장 해외 ETF는 거래 참여자가 제한적이어서, 종목에 따라 스프레드가 넓어질 수 있다.

환율 구조도 다르다. 미국 ETF는 환율 변동이 수익률에 그대로 반영된다. 반면 국내 상장 해외 ETF에는 환노출형과 환헤지형이 함께 존재한다.

세금 구조 역시 차이가 난다. 미국 ETF는 해외 상장 상품으로 분류되어 배당에는 해외 원천징수가 적용되고, 매매차익은 국내 신고 과세 구조가 적용된다. 국내 상장 해외 ETF는 국내 ETF이지만 기초자산이 해외 자산이기 때문에 매매차익에 과세가 발생한다. 같은 지수를 따라가더라도 세금이 적용되는 방식은 다르다.

ETF 투자에서 반드시 알아야 할 세금 구조는 무엇인가?

ETF 세금 구조를 이해한다는 것은 세금을 줄이는 기술이 아니라, 내 선택이 어떤 결과로 이어지는지를 정확히 아는 일이다. ETF 투자는 숫자만 보는 투자이기보다, 구조를 이해하고 고르는 투자에 가깝다.

ETF에서 세금은 수익이 난 뒤에야 눈에 보이지만, 실제 결과를 가장 크게 바꾸는 요소 중 하나다. 수익률이 비슷해 보이는 ETF라도 세금 구조가 다르면 최종적으로 손에 남는 돈은 전혀 달라질 수 있다. 그래서 ETF에서는 상품을 고르기 전에 반드시 세금 구조부터 확인해야 한다.

ETF 세금은 크게 두 가지 기준으로 나뉜다. 어디에 상장되어 있는지, 그리고 어떤 자산을 담고 있는지가 핵심이다. 이름이 비슷하고 같은 지수를 따라가더라도, 이 두 가지가 다르면 과세 방식도 달라진다.

국내 상장 국내 주식형 ETF는 구조가 비교적 단순하다. 매매차익에는 세금이 붙지 않고, 분배금이 발생할 때만 배당소득세가 부과된다. 따라서 사고팔아서 생긴 차익 자체에는 세금이 없고, 배당을 받을 때만 과세가 이루어진다. 장기 보유 관점에서는 매우 유리한 구조다.

문제는 국내 상장 해외 ETF부터다. 한국 거래소에 상장되어 있지만, 기초자산이 해외 주식이나 해외 지수이기 때문에 매매차익에 과세가 발생한다. 투자자가 얻은 수익은 금융소득으로 잡히고, 정해진 세율이 적용된다. 같은 미국 지수를 추종하더라도 국내 상장 해외 ETF는 세금 구조가 완전히 다르다.

해외 거래소에 상장된 ETF, 즉 미국 ETF는 또 다른 구조를 가진다. 배당을 받을 때는 미국에서 먼저 세금이 원천징수된다. 이후 국내에서도 세무 처리가 이어진다. 매매차익 역시 국내 세법에 따라 신고 대상이 된다. 투자자는 직접 신고와 납부 절차를 거쳐야 한다.

여기서 많은 투자자가 착각하는 부분이 있다. 미국 ETF를 직접 사는 것과 국내 상장 해외 ETF를 사는 것은 세금 구조가 비슷할 것이라고 생각하는 경우다. 하지만 실제로는 과세 방식과 시점, 신고 방식이 모두 다르다. 장기 투자에서는 이 차이가 누적되어 수익률 격차로 나타난다.

특히 분배금을 자주 지급하는 ETF일수록 세금의 영향은 더 커진다. 분배금을 받을 때마다 세금이 빠져나가면, 재투자할 수 있는 금액 자체가 줄어든다. 복리 구조에서 이 차이는 시간이 지날수록 눈에 띄게 커진다.

또 하나 중요한 점은 세금은 투자자의 통제 밖에서 자동으로 발생한다는 점이다. 매수와 매도 시점을 조절해도, 분배금이 발생하면 세금은 피할 수 없다. 따라서 분배 구조까지 함께 고려하지 않으면, 실제 성과는 기대와 달라질 수 있다.

ETF를 고를 때 수익률과 보수만 비교하면 절반만 보는 것이다. 같은 지수를 따라가는 상품이라도, 세금 구조에 따라 실제 투자 성과는 달라진다.

ETF가 청산되면 내 돈은 어떻게 되는가?

ETF는 주식과 달리, 상품 자체가 사라질 수 있는 구조를 가지고 있다. ETF가 청산된다는 것은 운용이 종료되고, 해당 상품이 시장에서 더 이상 거래되지 않는다는 뜻이다.

ETF가 청산되면 투자자가 보유하고 있던 ETF는 자동으로 현금으로 바뀐다. 운용사는 ETF 안에 들어 있던 모든 자산을 정리한 뒤, 기준이 되는 순자산가치를 계산해 투자자에게 돌려준다. 투자자가 따로 매도 주문을 넣을 필요는 없다.

청산이 발생했다고 해서 곧바로 손실이 생기는 것은 아니다. 최종 정산 금액은 ETF가 보유하고 있던 자산의 실제 가치에 따라 결정된다. 자산 가격이 유지되고 있다면 큰 문제는 없다.

다만 ETF 청산의 핵심 위험은 시점을 투자자가 선택할 수 없다는 점이다. 장기 보유를 전제로 투자하고 있었더라도, 운용사의 결정에 따라 원하지 않는 시점에 현금화가 이루어진다. 투자 전략과 상관없이 매도가 강제로 발생하는 구조다.

이때 투자자가 가장 당황하는 부분은 '언제까지 보유할 수 있는가'를 스스로 결정하지 못한다는 점이다. 시장 상황이 좋지 않은 시점에 청산이 진행될 경우, 계획했던 투자 기간과 완전히 다른 결과를 맞게 될 수 있다.

청산 과정에서 또 하나 주의해야 할 점은 유동성이다. ETF 안에 담긴 자산이 거래가 원활하지 않거나, 시장 상황이 좋지 않은 경우에는 자산을 빠르게 정리하는 과정에서 가격이 불리하게 형성될 수 있다. 이 경우 정산 금액이 생각했던 것보다 낮아질 수 있다.

특히 채권형 ETF, 원자재 ETF, 해외 자산 ETF처럼 기초자산의 거래 시간이 제한되거나 유동성이 낮은 상품일수록 이 영향이 커질 수 있다.

세금도 함께 발생한다. ETF가 청산되면서 현금으로 정산되는 과정은 일반적인 매도와 동일하게 처리된다. 정산 시점에 발생한 차익은 과세 대상이 된다. 투자자는 의도하지 않은 매도로 인해 세금 부담이 생길 수 있다.

ETF는 규모가 너무 작아지거나, 거래량이 부족해지거나, 운용 전략이 더 이상 의미를 가지기 어려워지면 청산될 가능성이 커진다. 그래서 ETF를 고를 때는 지수와 수익률만 볼 것이 아니라, 순자산 규모와 거래량도 반드시 함께 확인해야 한다.

동일한 지수를 추종하는 대체 ETF가 충분히 존재하는지도 함께 확인할 필요가 있다. 청산 이후 다른 상품으로 이동해야 하는 상황을 미리 대비해두면 불필요한 혼란을 줄일 수 있다.

ETF 청산은 드문 사고가 아니라, 구조적으로 언제든지 발생할 수 있는 정상적인 절차다. 이 구조를 알고 투자하면 청산은 공포가 아니라 관리해야 할 변수로 바뀐다. ETF 투자는 수익을 기대하는 투자이면서 동시에, 상품의 존속 가능성까지 함께 점검해야 하는 투자다.

이 장은 주식을 언제 사고 언제 팔지, 매수와 매도 시점을 스스로 정하는 기준을 만든다. 완벽한 바닥과 꼭대기를 맞히는 것은 불가능하다는 전제에서 출발한다. 중요한 것은 가장 싼 가격을 찾는 기술이 아니라, 내가 산 뒤에도 회사가 계속 돈을 벌 수 있는지를 확인하는 과정이다. 분할매수, 손절과 익절, 재진입, 물타기, 비중 조절은 모두 같은 목적을 가진다. 한 번의 판단이 계좌 전체를 흔들지 않게 만들고, 틀렸을 때도 다음 기회를 남기는 방식으로 행동하는 것이다.

4장

주식, 매수 시점과 매도 시점을 정하는 방법

들어갈 때와 나올 때가 무엇보다 중요하다

주식투자, 지금이 매수 타이밍인지 어떻게 판단하는가?

완벽한 바닥을 맞히는 것은 불가능하다. 매수 타이밍의 목적은 가장 싼 가격을 맞히는 것이 아니라, 내가 산 이후에도 이 회사가 계속 돈을 벌 수 있을지를 확인하는 데 있다.

주식을 하다 보면 가장 많이 드는 질문은 하나다. 지금 사도 되는가다. 가격이 조금 빠지면 더 기다려야 할 것 같고, 조금 오르면 지금이라도 들어가야 할 것처럼 느껴진다. 같은 종목을 두고도 하루 사이에 판단이 바뀌고, 그때마다 기준도 함께 흔들린다. 매수 타이밍이 어렵게 느껴지는 이유는, 가격만 보고 판단하려 하기 때문이다.

가격은 결과에 가깝다. 이미 시장에 들어온 수많은 정보와 기대, 불안이 섞여 만들어진 숫자다. 그래서 가격만 보면 지금이 싼지 비싼지를 판단하기가 거의 불가능하다. 대신 먼저 확인해야 할 것은 이 회사의 돈 버는 구조가 지금도 유지되고 있는가다.

매수 판단의 출발점은 항상 같다. 이 회사는 무엇으로 돈을 버는가, 그 방식은 앞으로도 유지될 수 있는가, 그리고 그 힘이 최근에도 실제 숫자로 확인되고 있는가다. 매출이 늘고 있는지, 이익 구조가 무너지지 않았는지, 시장 점유율이나 경쟁 환경이 나빠지고 있지는 않은지를 먼저 본다. 이 질문에 명확하게 답할 수 없다면, 가격이 아무리 매력적으로 보여도 매수 판단은 아직 준비되지 않은 상태다.

워런 버핏은 훌륭한 회사를 적당한 가격에 사는 것이, 평범한 회사를 싼 가격에 사는 것보다 낫다고 설명했다. 타이밍은 가격보다 구조에서 시작된다.

구조가 확인되었다면, 그다음에 보는 것이 기대의 수준이다. 이미 시장이 그 기업의 좋은 미래를 충분히 반영하고 있다면, 구조가 좋아도 매수 후 성과는 제한될 수 있다. 반대로 구조는 여전히 유지되는데, 단기 실적이나 뉴스 때문에 과도하게 실망이 반영된 구간이라면 매수 타이밍은 오히려 가까워진다. 중요한 것은 좋은 회사인가보다, 좋은 회사에 대해 시장이 무엇을 기대하고 있는가다.

여기서 초보자가 가장 많이 하는 실수는 최근 주가 흐름을 기준으로 판단하는 것이다. 최근에 많이 올랐으면 비싸 보이고, 최근에 많이 빠졌으면 싸 보인다. 그러나 주가는 항상 과거의 움직임일 뿐이다. 매수 판단에서 필요한 정보는 앞으로의 변화다.

그래서 매수 전에 반드시 확인해야 할 한 가지 질문이 있다. 지금 이 회사의 핵심 가정이 깨졌는가다. 매출 성장의 근거가 사라졌는지, 경쟁 구도가 급격히 나빠졌는지, 비용 구조가 장기적으로 불리하게 바뀌었는지를 점검해야 한다. 이 질문에 변화가 없다면, 가격 변동은 타이밍의 힌트일 수는 있어도 매수 이유가 되지는 않는다.

매수 타이밍을 단순하게 만들려면 기준을 하나로 줄이면 된다. 구조가 유지되고 있고, 시장의 기대가 과도하지 않으며, 핵심 가정이 깨지지 않았다면, 그 구간은 매수를 검토할 수 있는 영역이다. 반대로 구조가 흔들리고 있거나, 기대가 이미 지나치게 높다면, 가격이 더 내려와도 매수 타이밍은 아니다.

주식,
한 번에 살까, 나눠서 살까?

워런 버핏은 모든 자금을 한 번에 사용하는 것보다, 불확실성을 인정한 채 여유를 남기는 태도가 중요하다고 했다. 피터 린치는 기업을 이해하는 과정이 끝나기 전에는 포지션을 천천히 키워 가는 것이 더 합리적이라고 했다.

    주식을 사려고 마음을 먹으면 바로 고민이 시작된다. 지금 한 번에 사는 것이 맞는지, 아니면 나눠서 사야 하는지가 헷갈린다. 가격이 오르면 지금이라도 들어가야 할 것 같고, 가격이 내리면 조금 더 기다렸다가 사는 게 맞는 것처럼 느껴진다. 같은 종목을 두고도 매수 방식 하나로 마음이 계속 흔들린다.

    많은 사람은 이 질문을 가격 문제로 생각한다. 지금이 바닥인지, 더 떨어질 가능성이 있는지를 맞히려고 한다. 그러나 실제로 더 중요한 것은 가격이 아니라, 내가 틀렸을 때 계좌가 얼마나 흔들리는 구조인가다. 한 번에 사는 방식과 나눠서 사는 방식의 차이는, 수익률보다 위험 관리에서 먼저 나타난다.

한 번에 매수하면 판단이 맞았을 때 결과는 빠르게 나온다. 하지만 판단이 틀렸을 경우에도 손실이 그대로 한 번에 반영된다. 특히 기업의 구조에 대한 확신이 아직 충분하지 않은 상태에서 한 번에 매수하면, 이후 주가가 조금만 흔들려도 심리가 크게 흔들린다. 그 순간부터 매수 판단이 아니라, 감정 대응이 시작된다.

반대로 나눠서 매수하는 방식은 판단의 정확도를 높여 주지는 않는다. 대신 판단의 부담을 낮춰준다. 처음 매수는 구조가 유지되고 있다는 가정에 대한 작은 베팅이고, 이후 매수는 그 가정이 실제 숫자로 확인되고 있는지를 점검한 뒤 이어지는 결정이다. 매수는 하나의 행동이 아니라, 여러 번의 확인 과정으로 바뀐다.

나눠서 매수할 때 가장 중요한 기준은 가격이 아니라 조건이다. 주가가 내려왔기 때문에 사는 것이 아니라, 처음에 세웠던 판단이 여전히 유효하기 때문에 추가로 매수하는 것이다. 매출 흐름이 유지되고 있는지, 경쟁 환경이 나빠지지 않았는지, 이익 구조가 흔들리지 않았는지를 확인한 뒤에만 다음 매수를 진행해야 한다.

초보 투자자가 자주 하는 실수는 나눠서 매수를 하면서도 기준 없이 매수 시점만 쪼개는 것이다. 가격이 내려올 때마다 자동으로 사들이면, 나눠서 사는 것이 아니라 물타기를 반복하는 구조가 된다.

한 번에 매수해도 되는 경우도 있다. 구조에 대한 이해가 충분하고, 장기 보유가 명확하며, 단기 변동에 흔들리지 않을 준비가 되어 있을 때다. 그러나 대부분의 개인 투자자에게는 이 조건을 완전히 갖추기가 쉽지 않다. 그래서 현실적으로는 나눠서 매수하는 방식이 판단 실수를 줄이는 데 더 유리하다.

매수 방식의 선택은 수익을 극대화하는 기술이 아니다. 오히려 감정에 의해 매매 계획이 무너지는 상황을 얼마나 줄일 수 있는가의 문제에 가깝다.

한 번에 살 것인가, 나눠서 살 것인가는 결국 투자 성향이 아니라, 실수에 대비하는 시스템을 어떻게 만들 것인가의 선택이다. 나눠서 매수하는 방식은 수익을 낮출 수는 있지만, 계좌를 지키는 속도는 분명히 높여준다.

주식투자, 손절과 익절은 어디에서 해야 하는가?

손절과 익절의 기준은 차트나 수익률이 아니라, 처음에 세웠던 투자 기준과 회사의 구조가 지금도 그대로 유지되고 있는지를 다시 확인하는 과정에서 결정된다.

주식을 하다 보면 가장 괴로운 순간이 있다. 손실이 났을 때 언제 파는 것이 맞는지, 수익이 났을 때 언제까지 들고 가야 하는지 도무지 감이 잡히지 않는 순간이다. 손절을 하면 곧바로 반등할 것 같고, 더 들고 있자니 손실이 커질까 불안하다. 익절도 마찬가지다. 지금 팔면 너무 일찍 파는 것 같고, 더 들고 가면 다시 내려올까 봐 망설이게 된다.

많은 사람은 손절과 익절을 가격 문제로 생각한다. 몇 퍼센트 빠지면 팔아야 하는지, 몇 퍼센트 오르면 팔아야 하는지를 먼저 정하려 한다. 그러나 실제로 더 중요한 것은 가격이 아니라, 내가 왜 이 주식을 샀는지다.

손절의 기준은 단순하다. 처음 매수할 때 세웠던 핵심 가정이 깨졌는지다. 이 회사의 매출이 늘어날 것이라는 판단, 경쟁력이 유지될 것이라는 가정, 산업 환경이 유리할 것이라는 전제가 무너졌다면, 주가가 아직 크게 떨어지지 않았더라도 손절의 대상이 된다. 반대로 주가가 많이 빠졌더라도, 이 가정이 유지되고 있다면 손절의 이유는 아직 만들어지지 않은 것이다.

피터 린치는 주식을 파는 가장 합리적인 이유는, 회사에 대한 이야기가 바뀌었을 때라고 설명했다. 워런 버핏은 가격이 아니라 사업이 나빠졌을 때가 진짜 매도의 이유라고 말했다. 하워드 막스는 투자에서 가장 위험한 행동은, 상황이 변했는데도 처음 판단에 집착하는 것이라고 강조했다. 손절은 가격이 아니라 변화에 대한 대응이다.

그래서 손절을 결정하기 전에 반드시 확인해야 할 질문은 세 가지다. 이 회사의 돈 버는 구조가 훼손되었는가, 경쟁 환경이 장기적으로 불리하게 바뀌었는가, 그리고 내가 처음 기대했던 성장의 근거가 사라졌는가다. 이 중 하나라도 명확하게 깨졌다면, 손실의 크기와 상관없이 손절은 합리적인 선택이 된다.

익절도 같은 기준에서 출발한다. 주가가 많이 올랐기 때문에 파는 것이 아니라, 처음 기대했던 성장과 가치가 이미 충분히 가격에 반영되었는지를 점검해야 한다. 매출과 이익의 증가 속도보다 시장의 기대가 훨씬 앞서 있다면, 더 큰 성과를 기대하기보다 리스크 관리가 우선이 된다.

익절에서 가장 흔한 실수는 목표 수익률을 먼저 정해 놓고 기계적으로 파는 것이다. 물론 기준이 없는 것보다는 낫지만, 기업의 상황이 더 좋아지고 있는데도 단지 숫자를 채웠다는 이유로 파는 것은 판단을 단순화한 결과일 수 있다. 반대로 이미 구조가 둔화되고 있는데도, 목표 수익률에 도달하지 않았다는 이유로 버티는 것도 같은 실수다.

손절과 익절은 결국 하나의 질문으로 정리된다. 지금 이 주식을 계속 보유해야 할 이유가 남아 있는가다. 이 질문에 명확하게 답할 수 없다면, 그 자체가 매도의 신호다.

가격은 언제나 흔들린다. 그러나 판단의 기준은 흔들리면 안 된다. 손절은 실패를 인정하는 행동이 아니라, 판단을 갱신하는 과정이다. 익절은 욕심을 버리는 행동이 아니라, 기대와 현실을 다시 맞추는 작업이다.

주식투자, 손절한 종목에 다시 들어가도 되는 기준은 무엇인가?

피터 린치는 주식을 다시 사는 것이 잘못이 아니라, 같은 이유로 다시 사는 것이 문제라고 설명했다. 워런 버핏은 판단이 틀렸다고 확인되었을 때만 생각을 바꾸는 것이 투자자의 일이라고 말했다.

손절을 한 뒤 가장 흔히 드는 생각은 하나다. 너무 일찍 판 것은 아닐까 하는 후회다. 주가가 다시 오르기 시작하면, 더 강하게 흔들린다. 그래서 많은 투자자가 손절했던 종목을 다시 사게 된다. 하지만 이때 기준이 없으면, 재진입은 전략이 아니라 감정적인 대응일 뿐이다.

재진입의 출발점은 반드시 손절의 이유다. 그때 왜 팔았는지를 먼저 정확히 떠올려야 한다. 실적이 꺾일 것 같아서였는지, 경쟁 환경이 나빠졌다고 판단했는지, 사업 구조가 흔들린다고 느꼈는지, 아니면 단순히 주가 하락이 두려워서였는지를 구분해야 한다.

손절한 종목에 다시 들어가도 되는 첫 번째 조건은, 손절의 근거가 명확하게 사라졌는지다. 매출 감소가 우려되었던 회사라면 매출 흐름이 다시 회복되고 있는지, 경쟁 심화가 문제였다면 경쟁 구도가 완화되었는지, 비용 구조가 무너졌다고 봤다면 이익 구조가 정상화되고 있는지를 확인해야 한다. 이 변화가 실제 숫자로 확인되지 않으면, 재진입의 근거는 충분하지 않다.

두 번째 조건은 새로운 정보가 생겼는지다. 단순히 주가가 올랐다는 사실은 새로운 정보가 아니다. 신규 계약, 신제품 성과, 산업 환경 변화, 규제 완화, 구조조정 완료처럼 사업의 방향을 바꿀 만한 변화가 있었는지가 중요하다. 재진입은 항상 이전 판단과 다른 근거 위에서만 가능하다.

세 번째 조건은 기대 수준이다. 구조가 좋아졌다고 판단하더라도, 시장이 이미 그 변화를 충분히 반영하고 있다면 재진입의 매력은 크게 줄어든다. 손절 이후 주가가 크게 올라 있는 상황이라면, 회복보다 기대가 먼저 앞서간 것은 아닌지도 함께 점검해야 한다.

초보 투자자가 가장 많이 하는 실수는, 내가 판 가격보다 비싸졌으니, 지금 들어가면 손해라는 생각이다. 그러나 중요한 기준은 과거 가격이 아니라, 현재의 가치와 앞으로의 변화다. 과거에 얼마에 샀고 팔았는지는 재진입 여부 판단에 아무 도움도 되지 않는다.

또 하나 중요한 점은 재진입의 속도다. 구조가 바뀌었다고 판단되면, 한 번에 크게 다시 들어가기보다 작은 비중으로 확인하는 것이 합리적이다. 과거에 틀렸던 판단 대상인 만큼, 이번 판단 역시 검증 과정이 필요하다. 재진입은 복구가 아니라, 새로운 투자라는 점을 스스로에게 분명히 해야 한다.

손절한 종목을 다시 사는 것은 실패가 아니다. 같은 이유로 다시 사는 것이 실패다. 손절의 근거가 사라졌고, 새로운 정보가 확인되었으며, 기대가 과도하지 않다면 재진입은 충분히 합리적인 선택이 될 수 있다. 재진입의 기준은 단순하다. 지금 이 종목을 처음 본다면, 나는 같은 이유로 다시 살 수 있는가다. 이 질문에 명확하게 답할 수 있을 때만, 손절했던 종목은 다시 투자 대상이 된다.

주식투자,
물타기는 언제 독이 되는가?

물타기는 나쁜 전략이 아니다. 잘못된 조건에서 사용될 때만 위험한 전략이된다. 구조가 유지되고 있고, 하락의 원인이 일시적이며, 비중 관리가 가능한상황에서만 물타기는 의미를 갖는다.

주가가 내려가면 가장 먼저 떠오르는 선택이 물타기다. 평균매입단가를 낮추면 조금만 반등해도 손실이 줄어들 것처럼 보이기 때문이다. 실제로 숫자만 보면 물타기는 합리적인 계산처럼 느껴진다. 그러나 투자에서 물타기는 숫자 계산이 아니라전제의 문제다.

물타기가 위험해지는 순간은 아주 단순하다. 처음 이 종목을샀던 이유가 흔들리고 있을 때다. 매출이 둔화되고, 경쟁 환경이 나빠지고, 이익 구조가 약해지고 있는데도 가격이 내려왔다는 이유만으로 추가 매수를 하면, 그 행동은 투자 판단이 아니라 손실 회피가 된다.

벤저민 그레이엄은 안전마진이 없는 상태에서의 추가 매수는 위험을 줄이지 못한다고 설명했다. 피터 린치는 기업의 이야기가 나빠지고 있을 때 평균 단가를 낮추는 것은 실수를 키우는 행동이 될 수 있다고 말했다. 물타기는 이 두 가지 경고가 동시에 작동하는 지점이다.

물타기가 가능한 경우도 분명히 있다. 다음의 세 가지를 살펴보자. 첫째, 처음에 세웠던 핵심 가정이 유지되고 있어야 한다. 매출 성장의 근거, 경쟁력, 시장 구조가 그대로여야 한다. 둘째, 주가 하락의 원인이 일시적인 변수여야 한다. 단기 실적 왜곡, 일회성 비용, 시장 전체의 조정처럼 구조와 무관한 이유인지 확인해야 한다. 셋째, 추가 매수 이후에도 전체 포트폴리오의 비중이 과도해지지 않아야 한다.

반대로 물타기가 독이 되는 대표적인 상황이 있다. 실적이 연속적으로 꺾이고 있는데, 회복의 근거가 명확하지 않을 때다. 산업 자체의 성장성이 둔화되고 있거나, 경쟁자가 구조적으로 우위를 확보했을 때다. 가장 위험한 경우는, 왜 내려왔는지를 설명하지 못한 채 단가만 보고 추가 매수를 하는 상황이다.

초보 투자자가 자주 빠지는 함정은 손실을 줄이기 위한 물타기다. 손실을 빨리 만회하고 싶다는 마음이 기준을 흐린다. 그러나 물타기는 손실을 줄이는 기술이 아니라, 판단을 더 크게 확대하는 행동이다.

그래서 물타기에서 반드시 스스로에게 던져야 할 질문은 하나다. 지금 이 회사의 미래에 대해 처음보다 더 확신이 커졌는가다. 단가가 내려왔다는 사실이 아니라, 사업 구조에 대한 이해와 신뢰가 더 강해졌는지가 기준이 되어야 한다.

또 하나 중요한 점은 자금 여력이다. 물타기를 반복하다 보면, 이후에 정말 좋은 기회가 와도 사용할 수 있는 자금이 남아 있지 않게 된다. 물타기는 단일 종목의 문제를 넘어서, 전체 포트폴리오의 선택지를 제한하는 행동이기도 하다.

가격이 내려왔기 때문에 더 사는 것이 아니라, 회사에 대한 판단이 더 단단해졌기 때문에 더 사는 것. 이 차이를 구분하지 못하는 순간, 물타기는 전략이 아니라 계좌를 느리게 무너뜨리는 선택이 된다.

주식투자, 종목 비중은 어떻게 정해야 하는가?

종목 비중은 한 번의 판단이 계좌 전체를 위험에 빠뜨리지 않게 하기 위한 장치다. 종목 비중을 정하는 목적은 명확하다. 많이 맞히기 위해서가 아니라, 몇 번 틀려도 계속 시장에 남아 있기 위해서다.

　많은 투자자가 종목 비중을 감으로 정한다. 이 종목이 좋아 보이니 조금 더 담고, 확신이 있으니 비중을 키운다. 그러나 실제 투자에서 비중은 확신의 크기가 아니라, 틀렸을 때 감당할 수 있는 범위로 정해야 한다. 비중이 커질수록 수익의 크기보다 먼저 실수의 영향이 커진다.

　종목 비중을 정할 때 가장 먼저 확인해야 할 것은 이 종목이 틀렸을 경우의 시나리오다. 실적이 기대에 못 미치면 주가는 얼마나 흔들릴 수 있는지, 산업 환경이 나빠질 경우 회복까지 얼마나 시간이 걸릴 수 있는지를 먼저 생각해야 한다. 비중은 낙관이 아니라, 최악의 상황을 기준으로 결정된다.

피터 린치는 투자에서 가장 큰 손실은 좋은 아이디어가 아니라, 비중이 과도했던 아이디어에서 나온다고 설명했다. 하워드 막스는 리스크 관리에서 가장 중요한 질문은 얼마나 벌 수 있는가가 아니라, 얼마나 잃을 수 있는가라고 강조했다.

비중을 정할 때 두 번째로 봐야 할 것은 종목 간의 성격이다. 서로 다른 산업에 투자했다고 해서 자동으로 분산이 되는 것은 아니다. 경기 민감도가 비슷하거나, 같은 흐름에 영향을 받는 종목이라면 동시에 흔들릴 수 있다. 비중은 개별 종목만이 아니라, 서로의 움직임까지 함께 고려해야 한다.

세 번째 기준은 정보의 질이다. 내가 이 회사에 대해 어느 정도 이해하고 있는지, 실적과 사업 구조를 얼마나 스스로 설명할 수 있는지도 중요하다. 이해도가 낮은 종목일수록 비중은 자연스럽게 낮아져야 한다. 비중은 확신의 표현이 아니라, 이해 수준의 반영이다.

초보 투자자가 가장 많이 하는 실수는 비중을 수익 기대에 맞춰 키우는 것이다. 이 종목이 크게 오를 것 같다는 이유로 비중을 늘리면, 반대로 틀렸을 때의 충격도 그대로 커진다. 특히 한 종목의 비중이 계좌의 절반을 넘기기 시작하면, 이후의 매매는 분석이 아니라 감정에 의해 움직이기 쉬워진다.

비중 관리에서 중요한 또 하나의 기준은 시간이다. 단기 변동을 활용하려는 종목과, 장기 보유를 전제로 한 종목의 비중은 같을 수 없다. 보유 기간이 짧고 변동성이 큰 전략일수록 비중은 더 작아야 한다. 반대로 장기적으로 구조를 확인하며 보유하는 종목이라면, 비중을 조금 더 가져갈 여지는 생긴다.

현실적인 방법은 비중의 상한을 미리 정해두는 것이다. 특정 종목이 아무리 좋아 보여도, 계좌의 일정 비율 이상은 넘기지 않는다는 원칙을 만들면 판단이 흔들릴 때도 구조가 먼저 지켜진다. 비중은 매수 버튼을 누르기 전에 이미 결정되어 있어야 한다.

종목 비중은 실력을 보여 주는 숫자가 아니다. 오히려 실수를 얼마나 작게 만들 수 있는지를 보여 주는 지표에 가깝다. 좋은 판단은 언제든 틀릴 수 있지만, 비중이 관리되어 있으면 그 틀림이 계좌 전체를 흔들지 않는다.

주식투자, 급등주 추격매수는 왜 반복해서 실패하는가?

급등주 추격매수는 타이밍이 나빠서 실패하는 것이 아니다. 기준이 뒤집힌 상태에서 시작되기 때문에 실패 확률이 높아진다. 구조를 먼저 보고 가격을 나중에 보는 원칙이 지켜질 때만 기회가 될 수 있다.

주가가 갑자기 크게 오르는 종목을 보면 누구나 마음이 급해진다. 뉴스가 쏟아지고, 거래량이 폭발하고, 주변에서도 이 종목 이야기가 들리기 시작한다. 지금 들어가지 않으면 기회를 놓칠 것 같다는 생각이 먼저 든다. 그래서 많은 투자자가 이미 크게 오른 가격에서 매수 버튼을 누른다.

그러나 급등주 매매에서 가장 큰 문제는 정보의 속도가 아니다. 기준의 위치다. 처음에는 기업의 구조와 실적, 산업 흐름을 보고 투자하던 사람이, 급등 구간에서는 어느 순간부터 가격의 움직임만 보고 판단하기 시작한다. 이때부터 매수 기준은 분석이 아니라 불안이 된다.

급등이 만들어지는 과정은 대체로 비슷하다. 좋은 뉴스나 기대가 먼저 나오고, 빠른 자금이 먼저 들어온다. 그 뒤에 개인 투자자의 관심이 집중되면서 가격이 급격히 뛴다. 이 시점의 주가는 기업의 변화보다 시장의 반응이 더 크게 반영된 상태다. 구조보다 기대가 앞서 있는 구간이다.

추격매수가 특히 위험해지는 이유는, 손절과 익절의 기준이 동시에 무너진다는 점이다. 이미 급등한 가격에서는 조금만 흔들려도 불안이 커진다. 손절을 하면 곧 반등할 것 같고, 버티면 하락 폭이 커질까 두렵다. 매수 이유가 구조가 아니라 흐름이었기 때문에, 매도 기준도 함께 사라진다.

제시 리버모어는 주식 시장에서 가장 어려운 일은 오르는 종목을 사는 것이 아니라, 언제 그 흐름이 끝나는지를 아는 일이라고 말했다. 피터 린치는 투자자가 가장 많이 돈을 잃는 순간은, 이미 잘 알려진 이야기에 뒤늦게 올라탈 때라고 설명했다.

급등주를 봤을 때 먼저 확인해야 할 질문은 단순하다. 이 가격에 반영된 기대가 무엇인가다. 실적이 얼마나 좋아질 것으로 가정하고 있는지, 그 가정이 현실적으로 가능한 범위인지, 그리고 그 기대가 이미 대부분 가격에 담긴 것은 아닌지를 점검해야 한다. 이 질문에 답하지 못하면, 그 매수는 투자라기보다 참여에 가깝다.

또 하나 중요한 점은 시간이다. 급등 직후의 가격은 짧은 시간 안에 형성된 경우가 많다. 이 구간에서는 작은 뉴스 하나, 수급 변화 하나에도 가격이 크게 흔들린다. 대부분의 추격매수가 손실로 끝나는 이유는, 기업이 나빠서가 아니라 진입 위치가 지나치게 불리하기 때문이다.

급등주 매매에서 흔히 반복되는 착각이 있다. 지금 들어가지 않으면 영원히 기회를 놓칠지도 모른다는 생각이다. 그러나 시장에는 언제나 다음 기회가 있다. 좋은 회사라면, 시간이 지나면서 다시 확인할 수 있는 구간이 생긴다. 반대로 다시 확인할 기회조차 없는 급등이라면, 애초에 장기 투자 대상이 아닐 가능성이 높다.

급등주를 완전히 피하라는 뜻은 아니다. 중요한 것은 접근 순서다. 먼저 기업의 구조와 실적 변화를 확인하고, 그 변화가 장기적으로 의미가 있다고 판단된 뒤에 가격을 보는 것이 순서다.

이 장은 주식투자를 망치는 감정과 습관을 점검하고, 흔들림을 줄이는 현실적인 방법을 정리한다. 하락장에서 불안이 커지고 급등장에서 흥분이 커지는 것은 개인의 성격 문제가 아니라 인간의 기본 반응에 가깝다. 문제는 그 감정이 기준을 대신하는 순간 매매가 반응으로 바뀌고 같은 실수가 반복된다는 점이다. 그래서 감정을 없애려 하기보다 감정이 판단에 들어오지 못하게 하는 장치를 먼저 갖추는 것이 중요하다. 감정이 올라올 때마다 기준으로 돌아오는 습관이 쌓일수록 투자는 심리전이 아니라 관리 가능한 루틴이 된다.

5장

주식투자를
망치는 감정과
습관 고치는 법

주식투자는 기준을 통해 감정을 조절해야 한다

주식투자, 왜 하락하면 더 크게 불안해지는가?

하락장에서 느끼는 불안은 정보가 부족해서가 아니라, 손실을 위협으로 받아들이는 인간의 뇌 구조와 이미 투자한 선택을 지키려는 심리가 동시에 작동하기 때문에 커진다.

주가가 떨어지기 시작하면 많은 투자자는 숫자보다 먼저 감정이 반응한다. 계좌에 찍힌 손실보다, 내가 잘못 선택했다는 느낌이 더 크게 다가오기 때문이다. 특히 매수 직후 하락이 나오면 불안은 훨씬 빠르게 커진다. 기다리면 될 것 같다는 생각과, 더 떨어질 것 같다는 생각이 동시에 떠오른다.

하락장에서 불안이 커지는 가장 큰 이유는 손실이 위협으로 인식되기 때문이다. 사람의 뇌는 이익보다 손실에 훨씬 민감하게 반응한다. 같은 금액이라도 벌 때보다 잃을 때 느끼는 감정이 더 크게 남는다. 그래서 가격이 조금만 내려가도 위험이 과장되게 느껴지고, 상황을 빨리 끝내고 싶다는 충동이 생긴다. 이 충동은 매도 버튼을 누르게 만들고, 동시에 다시 들어가야 할지 고민하게 만든다.

여기에 이미 선택했다는 사실이 불안을 더 키운다. 내가 산 종목이 떨어질수록, 판단이 틀렸다는 사실을 받아들이기 어려워진다. 이때 사람은 객관적으로 상황을 다시 보려고 하기보다, 자신의 선택을 정당화할 수 있는 정보부터 찾게 된다. 불안은 줄어들지 않고, 오히려 확인하는 행동만 늘어나며 피로감이 쌓인다. 결국 판단의 기준은 흐려지고, 결정은 점점 더 감정에 가까워진다.

워런 버핏은 주가의 변동보다 기업의 가치가 더 중요하다고 말했다. 하워드 막스는 투자에서 가장 위험한 순간은 감정이 판단을 대신하는 순간이라고 설명했다. 벤저민 그레이엄은 시장의 움직임에 반응하기보다, 스스로의 기준을 먼저 세우는 것이 투자자의 역할이라고 강조했다. 이 말들은 모두 하락 그 자체보다, 하락을 대하는 태도가 더 큰 위험이 된다는 점을 분명하게 보여준다.

하락장에서 불안을 줄이는 가장 현실적인 방법은 감정을 없애는 것이 아니라, 확인 순서를 바꾸는 것이다. 가격을 먼저 보지 말고, 내가 이 종목을 샀던 이유가 여전히 유지되고 있는지를 먼저 확인해야 한다. 매출 구조가 변했는지, 경쟁 환경이 나빠졌는지, 실적 흐름이 실제로 꺾였는지를 차분히 점검한다. 이 과정이 빠질수록 불안은 숫자에만 매달리게 되고, 판단은 점점 더 좁아진다.

불안이 커질수록 판단은 오히려 더 단순해야 한다. 지금의 하락이 기업의 구조 변화 때문인지, 아니면 시장 전체의 흔들림 때문인지를 먼저 구분해야 한다. 구조가 유지되고 있다면 하락은 위험이 아니라 변동일 수 있다. 반대로 구조가 훼손되고 있다면, 가격이 얼마나 내려왔는지는 중요한 기준이 되지 않는다. 불안은 이 구분이 되지 않을 때 가장 크게 커진다.

하락이 두려운 이유는 미래를 모르기 때문이다. 그러나 투자에서 필요한 것은 미래를 맞히는 능력이 아니라, 잘못된 판단을 오래 붙잡지 않는 태도다. 하락장에서 불안해지는 것은 자연스러운 반응이다. 중요한 것은 그 불안을 기준으로 삼지 않고, 기준을 점검하는 신호로 사용하는 것이다.

주식투자 시 공포와 흥분 매매를 어떻게 멈출 수 있는가?

하워드 막스는 좋은 투자자는 감정을 통제하려 하기보다, 감정이 판단에 들어오지 못하게 하는 구조를 먼저 만든다고 말했다. 벤저민 그레이엄은 투자와 투기를 가르는 기준은 사전에 정해진 원칙의 존재라고 강조했다.

공포와 흥분 매매는 개인의 성격이나 의지의 문제가 아니라, 판단보다 감정이 먼저 작동하도록 만들어진 환경 속에서 반복해서 형성되는 반응이다. 이 흐름을 멈추기 위해 필요한 것은 마음을 다잡는 결심이 아니라, 감정이 개입되기 전에 자동으로 작동하는 판단의 구조를 미리 만들어두는 일이다. 이 구조가 없으면 경험이 쌓여도 매매는 같은 방식으로 흔들리기 쉽다.

주가가 급락하면 공포가 먼저 앞선다. 더 내려가기 전에 팔아야 할 것 같고, 지금이 마지막 기회처럼 느껴진다. 반대로 급등이 나오면 흥분이 판단을 밀어낸다. 지금 들어가지 않으면 기회를 놓칠 것 같고, 더 오를 것이라는 기대가 앞선다. 두 감정은 방향은 다르지만, 공통적으로 생각할 시간을 없앤다. 그래서 판단은 짧아지고, 행동은 평소보다 훨씬 빨라진다.

공포와 흥분 매매가 반복되는 가장 큰 이유는 기준이 없기 때문이다. 언제 사야 하는지, 언제 팔아야 하는지를 미리 정해두지 않으면, 시장이 움직일 때마다 그 순간의 분위기가 기준이 된다. 이때 판단은 상황에 따라 쉽게 바뀌고, 같은 실수는 다른 모습으로 반복된다. 경험이 쌓여도 기준이 없다면 결과는 크게 달라지지 않는다.

공포와 흥분 매매를 멈추는 가장 단순한 방법은 매수와 매도 기준을 글로 적어두는 것이다. 이 종목을 사는 이유, 틀렸다고 판단하게 되는 조건, 허용 가능한 손실 범위, 종목 비중의 한계, 반드시 확인해야 할 지표를 미리 정해둔다. 그리고 매매 버튼을 누르기 전에 이 기준을 하나씩 확인한다. 이 짧은 점검 과정이 감정의 속도를 눈에 띄게 늦춘다.

특히 효과적인 방법은 사전 주문과 분할 매매 전략이다. 목표 매수 구간과 손절 기준을 미리 정해두고, 시장이 그 구간에 도달했을 때만 행동하도록 만든다. 이렇게 하면 차트를 보는 순간의 감정이 아니라, 미리 세운 판단이 매매를 대신하게 된다. 흥분 구간에서 무리하게 따라붙는 행동도 자연스럽게 줄어든다. 동시에 급락 구간에서의 충동 매도도 크게 줄어든다.

공포와 흥분 매매는 대부분 같은 날, 같은 시간대에 반복된다. 급변 구간에서 계좌를 계속 들여다보고, 알림과 뉴스를 함께 확인할수록 감정은 더 커진다. 그래서 하루에 몇 번만 계좌를 확인하도록 제한하는 것만으로도 불필요한 매매는 눈에 띄게 줄어든다. 시장과 거리를 두는 시간도 함께 늘려야 한다.

공포와 흥분을 완전히 없애는 것은 불가능하다. 중요한 것은 그 감정이 판단을 대신하지 못하게 만드는 장치를 갖추는 것이다. 기준을 미리 정하고, 글로 남기고, 일정 부분을 자동화된 방식으로 실행하는 시스템을 만들 때, 공포와 흥분은 매매의 주인이 아니라 단순한 신호로 바뀐다. 이 변화가 반복되면 매매는 감정의 반응이 아니라, 관리와 점검의 영역으로 자연스럽게 이동하게 된다.

주식투자, 남과 비교하면
왜 반드시 흔들리는가?

남과 비교하는 순간, 투자 판단은 정보의 문제가 아니라 감정의 문제가 된다. 비교는 나의 기준을 강화하지 못하고, 오히려 기준을 계속 바꾸게 만들어 매매를 불안정하게 만든다.

주식을 하다 보면 수익률을 가장 먼저 비교하게 된다. 남과 비교하는 순간, 투자 판단은 정보의 문제가 아니라 감정의 문제가 된다. 비교는 나의 기준을 강화하지 못하고, 오히려 기준을 계속 바꾸게 만들어 매매를 불안정하게 만든다. 비교가 시작되는 순간부터 판단의 중심은 기업이 아니라 사람으로 이동한다.

주식을 하다 보면 수익률을 가장 먼저 비교하게 된다. 같은 날, 같은 시장에서 누군가는 크게 벌었고, 나는 그렇지 않다는 사실이 눈에 들어온다. 그 순간부터 판단의 중심은 종목과 기업이 아니라, 나와 남의 결과로 옮겨 간다. 내가 세운 가정이 맞았는지보다, 내가 뒤처졌는지가 더 중요해진다. 이때부터 투자화면은 분석 도구가 아니라 감정 자극 장치가 된다.

비교가 흔들림으로 이어지는 이유는 기준이 바뀌기 때문이다. 처음에는 기업의 사업 구조와 실적 흐름을 보고 매수했지만, 남의 수익 이야기를 듣는 순간 기준은 수익 속도와 상승률로 이동한다. 같은 종목을 들고 있어도, 목적이 달라지면 판단은 달라진다. 이때부터 매매는 계획이 아니라 반응이 된다. 계획이 사라진 자리에 조급함과 불안이 들어온다.

모건 하우절은 사람들은 돈을 잃어서가 아니라, 남과 비교하다가 잘못된 행동을 하면서 손실을 만든다고 설명했다. 벤저민 그레이엄은 다른 사람의 성과가 아니라, 스스로의 판단 과정이 투자자의 진짜 성과라고 강조했다. 이 말들은 모두 비교가 판단의 질을 떨어뜨린다는 점을 가리킨다.

남이 산 이유와 나의 판단은 다를 수밖에 없고, 투자 기간과 감당할 수 있는 손실 범위도 다르다. 그러나 수익률만 보면 이 차이는 모두 사라진다. 남의 결과를 기준으로 삼는 순간, 나에게 맞지 않는 속도와 위험을 그대로 받아들이게 된다. 이 과정에서 가장 먼저 무너지는 것은 나의 투자 원칙이다.

비교가 가장 위험해지는 순간은, 이미 충분히 오른 종목을 바라볼 때다. 뒤늦게 들어가야 할 것 같은 조급함이 생기고, 지금 들고 있는 종목이 괜히 느려 보이기 시작한다. 이때 매도와 매수는 모두 판단이 아니라 감정의 교체로 이루어진다. 종목을 바꿨지만, 기준은 바뀌지 않았기 때문에 흔들림은 계속된다.

이때 중요한 것은 나만의 점검표를 갖는 것이다. 내가 이 종목을 선택한 이유, 확인해야 할 실적 항목, 판단이 틀렸다고 볼 수 있는 조건을 정리해두면, 다른 사람의 수익 이야기는 참고 정보에 그치게 된다. 비교의 대상이 사람이 아니라, 내가 세운 가정으로 돌아오기 때문이다. 여기에 투자 기간과 목표 수익 범위를 함께 적어두면 기준은 더욱 분명해진다.

투자는 경쟁이 아니라 관리에 가깝다. 남보다 많이 버는 것이 목표가 되면, 매매는 점점 불안정해진다. 반대로 나의 기준이 지켜지고 있는지를 점검하는 것이 목표가 되면, 비교는 힘을 잃는다. 남과 비교하면 반드시 흔들리는 이유는 단순하다. 비교는 판단을 돕지 않고, 판단의 기준을 바꾸기 때문이다. 그리고 기준이 바뀌는 순간, 투자 결과도 함께 흔들리기 시작한다.

손실을 인정하지 못해
더 힘들어지는 이유는 무엇인가?

투자는 틀렸을 때 얼마나 빠르게 수정하는가의 문제다. 손실을 받아들이는 순간, 계좌는 줄어들 수 있지만 또 다른 기회를 찾을 수 있다. 즉, 다음 기회를 지키는 가장 중요한 자산이 된다.

손실을 인정하지 못하는 순간부터 투자는 분석이 아니라 방어가 된다. 가격이 내려가도 판단을 고치기보다, 스스로의 선택을 지키는 쪽으로 생각한다. 이때부터 계좌의 문제는 시장이 아니라, 판단을 수정하지 못하는 것에서 만들어진다.

주가가 하락하면 가장 먼저 떠오르는 생각은 단순하다. 조금만 더 기다리면 되지 않을까 하는 기대다. 처음에는 합리적인 판단처럼 보인다. 그러나 시간이 지날수록 기다림의 이유는 점점 바뀐다. 기업의 변화가 아니라, 손실을 확정 짓기 싫다는 감정이 중심이 된다. 이 전환이 시작되는 지점이 바로 실패의 출발점이다.

손실을 인정하지 못하는 가장 큰 이유는, 틀렸다는 사실이 곧 나의 능력 부족으로 느껴지기 때문이다. 그래서 투자자는 정보를 다시 찾기보다, 이미 가진 판단을 지지해 줄 말과 자료만 모으게 된다. 이 과정에서 불리한 신호는 자연스럽게 무시되고, 긍정적인 해석만 남는다. 판단은 점점 좁아지고, 시야는 한 방향으로 굳어진다.

하워드 막스는 투자에서 가장 위험한 행동은, 상황이 변했는데도 처음 생각을 고치지 않는 것이라고 말했다. 벤저민 그레이엄은 투자자는 자신의 의견보다 사실을 먼저 따라야 한다고 강조했다. 조지 소로스는 자신의 판단이 틀렸다는 신호를 가장 빨리 발견하는 사람이 살아남는다고 설명했다. 세 사람의 말은 공통적으로, 손실 자체보다 판단을 고치지 않는 태도가 더 큰 위험이라는 점을 보여준다.

손실을 키우는 구조는 늘 비슷하다. 가격이 내려간다. 이유를 다시 점검하지 않는다. 평단가를 먼저 계산한다. 반등이 오면, 본전만 오면 팔겠다고 생각한다. 그러는 사이 기업의 상황과 시장 환경은 변한다. 그러나 판단 기준은 가격에 고정된 채로 남는다. 이때부터 투자는 관리가 아니라 복구 작업이 된다.

손실을 인정하지 못할수록 기준은 더 단순해진다. 오르느냐, 안 오르느냐만 남는다. 그러나 투자에서 중요한 질문은 이것이 아니다. 내가 샀던 이유가 지금도 유지되고 있는가, 그리고 그 이유가 무너졌다면 얼마나 빠르게 정리할 수 있는가가 핵심이다. 이 질문이 사라질수록 손실은 빠르게 계좌를 잠식한다.

손실을 관리하는 현실적인 방법은, 매수 전에 이미 틀렸다고 판단할 조건을 정해두는 것이다. 실적이 꺾일 때, 경쟁 구도가 바뀔 때, 핵심 지표가 흔들릴 때처럼 구조적인 기준을 먼저 적어둔다. 그리고 가격이 아니라 이 기준이 무너졌을 때 행동하도록 정한다. 이렇게 하면 손절은 실패가 아니라 과정이 된다.

주식투자, 본전 집착은
왜 치명적인가?

본전에 집착하는 순간 투자 판단의 기준이 과거의 매수가로 바뀌고, 그 결과 위험은 줄어들지 않고 더 커진다. 본전에 매달릴수록 과거에 묶이고, 기준으로 돌아올수록 다음 기회를 준비하게 된다.

　본전 집착은 손실을 줄이기 위한 태도처럼 보이지만, 실제로는 판단의 기준을 가격 하나로 고정시켜 버리는 습관이다. 이 순간부터 투자는 기업과 구조를 보는 일이 아니라, 내 계좌 숫자를 되돌리는 작업으로 바뀐다. 판단의 중심이 회사에서 가격으로 옮겨갈 때, 위험은 조용히 커진다.

　주가가 내려간 뒤 가장 자주 떠오르는 생각은 "본전만 오면 정리하겠다"는 말이다. 이 생각은 합리적으로 들리지만, 실제로는 아무 기준도 담고 있지 않다. 기업의 상황이 좋아졌는지,

처음에 세웠던 가정이 유지되고 있는지는 중요하지 않다. 오직 매수가와 현재가의 차이만이 판단의 근거가 된다. 이때부터 투자는 분석이 아니라 기다림이 된다.

본전 집착이 치명적인 이유는 질문이 완전히 바뀌기 때문이다. 원래의 질문은 이 회사가 앞으로도 돈을 잘 벌 수 있는가였지만, 본전 집착이 시작되면 질문은 언제 다시 주가가 올라오는가로 바뀐다. 이 변화는 작아 보이지만, 판단의 방향을 근본적으로 바꾼다. 기업의 경쟁력과 실적 흐름은 배경으로 밀려나고, 가격의 움직임만 남는다.

하워드 막스는 투자에서 가장 위험한 순간은 가격에만 집중하기 시작할 때라고 말했다. 벤저민 그레이엄은 시장 가격은 참고 자료일 뿐, 판단의 기준이 되어서는 안 된다고 강조했다. 찰리 멍거는 좋은 투자자는 가격보다 사업을 먼저 보고, 나쁜 투자자는 가격에서만 답을 찾는다고 설명했다. 이 말들은 모두 본전 집착이 판단의 중심을 왜곡시킨다는 점을 가리킨다.

본전 집착은 행동도 바꾼다. 손실이 커질수록 추가 매수를 고민하고, 비중은 계획보다 커진다. 위험을 줄이기 위한 선택처럼 보이지만, 실제로는 한 종목에 대한 의존도를 높이는 방향으로 움직인다. 이때부터 계좌는 분산이 아니라 집중 구조로 바뀌고, 작은 악재에도 흔들림은 더 커진다.

특히 본전 집착은 시간을 적으로 만든다. 시간이 지나면 회복될 것이라는 기대가 생기면서, 점검과 수정이 미뤄진다. 그러나 기업의 경쟁 환경과 산업 구조는 가격이 오르기를 기다려 주지 않는다. 실적이 약해지고, 시장의 관심이 줄어들어도 투자자는 여전히 같은 가격만 바라본다. 판단의 기준이 과거에 묶여 있는 동안, 환경은 앞으로 움직인다.

본전 집착에서 벗어나기 위해 가장 먼저 해야 할 일은 매수가를 기준에서 제거하는 것이다. 지금 이 가격에서 처음 이 회사를 다시 산다면, 나는 같은 판단을 할 수 있는가라는 질문으로 돌아와야 한다.

본전 집착이 사라질 때 비로소 판단은 현재로 돌아온다. 지금 이 회사의 구조는 어떤가, 실적의 방향은 유지되고 있는가, 경쟁 구도는 바뀌지 않았는가를 다시 점검하게 된다.

투자는 잃은 돈을 되찾는 과정이 아니라, 앞으로의 선택을 관리하는 과정이다. 본전에 매달릴수록 과거에 묶이고, 기준으로 돌아올수록 다음 기회를 준비하게 된다.

주식 매매 후 후회를 줄이는 가장 좋은 방법은 무엇인가?

매매 후 후회는 결과 때문이 아니라 판단 과정을 남기지 않았기 때문에 커지며, 매수와 매도 전에 기준과 가정을 기록해두는 습관이 후회를 가장 크게 줄일 수 있다.

매매 후 후회는 손실이 났기 때문에 생기는 감정이 아니다. 같은 결과라도, 왜 그 선택을 했는지가 남아 있지 않을 때 후회는 훨씬 더 크게 남는다. 판단의 근거가 사라지면 결과만 남고, 결과만 남으면 스스로를 설명할 수 없게 된다. 이때 후회는 자연스럽게 자기비난으로 바뀌고, 다음 매매를 더 조급하게 만든다.

많은 투자자는 매수 이유는 기억하지 못하면서, 가격만 또렷하게 기억한다. 왜 이 회사를 샀는지, 어떤 변화가 유지될 것이라고 판단했는지는 흐려지고, 매수가와 현재가의 차이만 남는다. 이렇게 되면 매매를 돌아볼 수 있는 기준이 없어지고, 결과를 받아들이는 방식도 감정 중심으로 바뀐다. 같은 상황이 다시 와도 무엇을 고쳐야 하는지 알기 어렵다.

매매 후 후회를 줄이는 가장 현실적인 방법은 간단하다. 매수 전에 단 세 가지만 적어두는 것이다. 이 회사를 산 이유, 이 판단이 틀렸다고 볼 수 있는 조건, 그리고 확인해야 할 핵심 지표다. 이 기록은 분석 노트가 아니라, 판단의 출발점을 고정하는 장치다. 매매 이후에는 수익률보다 먼저 이 세 가지가 유지되었는지를 점검한다.

하워드 막스는 투자에서 중요한 것은 맞았는지보다, 어떤 사고 과정을 거쳐 결정을 내렸는지라고 설명했다. 벤저민 그레이엄은 결과보다 절차가 올바르면, 단기 손실은 투자자의 실패가 아니라고 강조했다. 이 말들은 모두 후회를 줄이는 기준이 결과가 아니라 과정이라는 점을 분명히 보여준다.

후회가 커지는 순간은 대부분 비슷하다. 매수 이유가 모호했거나, 기준 없이 분위기에 따라 진입했을 때다. 이 경우 결과가 좋으면 운이 되고, 결과가 나쁘면 실수가 된다. 반대로 판단의 근거가 분명하게 남아 있다면, 결과가 나쁘더라도 수정할 지점이 보인다. 후회는 줄고, 다음 판단을 위한 학습은 남는다.

매매 후 점검에서 가장 중요한 질문은 단순하다. 이 판단은 당시의 정보 기준에서 합리적이었는가다. 지금의 가격과 감정으로 과거의 결정을 평가하면, 대부분의 판단은 왜곡된다. 후회를 줄이려면 결과를 보기 전에, 당시의 환경과 정보로 돌아가 판단을 다시 읽어야 한다.

매매 기록은 성과를 자랑하기 위한 도구가 아니라, 판단을 복기하기 위한 도구다. 언제 샀는지가 아니라, 무엇을 믿고 샀는지를 남기는 것이 핵심이다. 이 습관이 쌓이면 매매는 점점 덜 감정적이 되고, 실수는 반복되지 않는다. 후회가 줄어든다는 것은 더 많이 맞히게 된다는 뜻이 아니라, 같은 방식으로 틀리지 않게 된다는 뜻에 가깝다.

매매 후 후회를 줄이는 가장 좋은 방법은 결국 하나다. 결과를 바꾸려 하지 말고, 판단 과정을 남겨 두는 것이다. 기록된 기준이 있을 때, 후회는 감정이 아니라 다음 판단을 준비하는 자료로 바뀐다. 이 작은 기록이 쌓일수록, 투자자는 점점 더 흔들리지 않는 투자 기준을 갖게 된다.

주식 초보자가 반드시 피해야 할 대표적인 실수는 무엇인가?

초보자의 가장 큰 실수는 지식이 부족한 것이 아니라, 기준 없이 매매하고 결과로만 판단하며 같은 실수를 반복하는 데 있다. 즉, 같은 실수를 반복하지 않는 구조를 만드는 것이 중요하다.

초보 투자자가 가장 자주 하는 실수는 종목을 잘못 고르는 것이 아니다. 왜 샀는지, 언제 틀렸다고 판단할 것인지를 정하지 않은 채 매매를 시작하는 것이다. 이 상태에서는 어떤 결과가 나와도 배울 수 있는 정보가 남지 않는다. 수익이 나면 운이되고, 손실이 나면 실수가 되며, 다음 판단은 이전 경험과 연결되지 않는다.

두 번째 실수는 정보의 양으로 불안을 덮으려는 태도다. 뉴스, 유튜브, 리포트, 커뮤니티 글을 계속 확인하면서 더 많이 알면 더 안전해질 것이라 믿는다. 그러나 정보가 많아질수록 판단은 오히려 느려지고, 서로 다른 의견이 섞이면서 기준은 흐려진다. 초보자는 정보를 모으는 속도보다, 정보를 걸러내는 기준이 먼저 필요하다.

세 번째 실수는 수익률로만 자신의 매매를 평가하는 것이다. 같은 매매라도 과정이 다를 수 있고, 같은 수익이라도 위험의 크기는 전혀 다를 수 있다. 그런데 초보자는 결과 숫자만 남기고, 판단 과정은 남기지 않는다. 이렇게 되면 잘한 매매와 운이 좋았던 매매를 구분할 수 없게 된다.

하워드 막스는 투자에서 가장 위험한 행동은 자신이 어떤 상황에 있는지 모른 채 행동하는 것이라고 말했다. 벤저민 그레이엄은 기준 없이 시장에 반응하는 행동은 투자가 아니라 투기라고 설명했다. 피터 린치는 자신이 이해하지 못하는 종목에서 나온 수익은 오래 유지되기 어렵다고 강조했다.

네 번째 실수는 비중 관리 없이 확신만으로 매매하는 것이다. 한 번 맞은 경험이 생기면, 그 방식이 항상 통할 것처럼 느껴진다. 이때 비중은 계획보다 커지고, 손실이 발생하면 회복을 위해 더 큰 위험을 감수하게 된다. 초보자의 계좌가 한 번의 실수로 크게 흔들리는 이유는 대부분 이 단계에서 만들어진다.

다섯 번째 실수는 손절을 실패로 받아들이는 태도다. 손절을 하면 내가 틀렸다는 사실이 확정되는 것 같아 미루게 된다. 그러나 손절은 판단이 틀렸다는 선언이 아니라, 자본을 지키기 위한 관리 행위에 가깝다. 손절을 늦출수록 수정할 기회는 줄어들고, 선택지는 점점 좁아진다.

여섯 번째 실수는 남의 매매 속도를 자신의 기준으로 착각하는 것이다. 단기 매매, 장기 투자, 테마 추종, 분할 매수는 서로 다른 방식인데, 초보자는 이 방식을 섞어 사용한다. 매수는 장기 투자처럼 하고, 하락이 나오면 단기 매매처럼 대응한다.

초보자가 반드시 피해야 할 대표적인 실수는 복잡하지 않다. 기준 없이 사고, 기록 없이 판단하고, 결과로만 자신을 평가하는 구조다. 반대로 매수 이유, 틀렸다고 판단할 조건, 비중 한계를 먼저 적어두고 시작하면 실수는 눈에 띄게 달라진다.

초보의 가장 큰 차이는 실수를 하지 않는 데 있지 않다. 같은 실수를 반복하지 않는 시스템을 만들었는지에 있다.

돈 벌 수 있는 기회를 놓쳤을 때, 왜 무리한 매매가 시작되는가?

기회를 놓쳤다는 감정은 판단을 서두르게 만들고, 그 결과 매매의 기준은 사라지고 속도와 조급함이 결정을 대신하게 된다. 기회를 놓쳤다는 사실을 받아들이는 순간, 다음 선택은 훨씬 차분해진다.

주가가 크게 오른 뒤에 종목을 바라보면, 가장 먼저 드는 감정은 아쉬움이다. 조금만 일찍 알았으면, 조금만 더 빨랐으면 하는 생각이 머릿속을 채운다. 이때 투자자는 시장을 분석하고 있는 것처럼 보이지만, 실제로는 놓쳤다는 감정을 처리하고 있는 경우가 많다. 문제는 이 감정이 다음 매매의 출발점이 된다는 점이다. 이 순간부터 판단은 정보가 아니라 감정의 방향을 따라 움직이기 시작한다.

주식투자에서 돈을 벌 수 있는 기회를 놓쳤을 때 무리한 매매가 시작되는 이유는 단순하다. 판단의 기준이 기업과 구조에서 감정 회복으로 바뀌기 때문이다. 원래의 질문은 이 회사가 앞으로도 잘 될 것인가였지만, 이 순간의 질문은 나는 언제 만회할 수 있는가로 바뀐다. 이 전환이 생기면 매매는 분석이 아니라 보상 심리로 움직이게 된다.

특히 이미 크게 오른 종목은 가장 위험한 선택지가 된다. 가격이 충분히 올랐다는 사실을 알면서도, 더 오를 수 있다는 이야기와 기대에 집중하게 된다. 이때 차트와 뉴스는 확인 도구가 아니라, 들어갈 이유를 찾기 위한 도구로 사용된다. 불리한 정보는 자연스럽게 걸러지고, 긍정적인 신호만 눈에 들어온다. 판단이 점점 한쪽으로 기울어진다.

무리한 매매는 속도에서도 드러난다. 종목을 오래 비교하지 않고, 비중도 평소보다 빠르게 늘린다. 손절 기준은 뒤로 밀리고, 대신 반등 기대가 판단을 대신한다. 이때 계좌는 관리 대상이 아니라, 회복 대상이 된다. 매매의 목적이 수익이 아니라 만회로 바뀌면, 위험을 감수하는 기준도 함께 무너진다. 평소에는 하지 않던 행동이 자연스럽게 반복된다.

수익 기회를 놓쳤을 때 가장 먼저 해야 할 일은 종목을 찾는 것이 아니라, 판단을 잠시 멈추는 것이다. 지금 느끼는 감정이 분석인지 조급함인지를 구분해야 한다. 이미 오른 종목이 아니라, 내가 원래 점검하던 기준표로 다시 돌아가 다른 후보를 차분히 살펴보는 것이 훨씬 안전하다. 이 짧은 멈춤이 다음 실수를 막아준다.

놓친 기회는 기록으로만 남겨야 한다. 왜 이 종목을 보지 못했는지, 어떤 신호를 지나쳤는지를 정리하면, 다음 판단의 질은 분명히 높아진다. 그러나 놓친 수익을 되찾으려는 행동은 대부분 같은 실수를 반복하게 만든다. 감정은 짧고, 결과는 길게 남기 때문이다.

수익 기회를 놓쳤을 때 무리한 매매가 시작되는 이유는, 시장이 아니라 마음의 속도가 빨라지기 때문이다. 이때 필요한 것은 더 많은 종목이 아니라, 다시 기준으로 돌아오는 시간이다. 기회를 놓쳤다는 사실을 받아들이는 순간, 매매는 다시 관리의 영역으로 돌아오고, 다음 선택은 훨씬 차분해진다.

정보가 많을수록 오히려 수익이 나빠지는 이유는 무엇인가?

정보가 많아질수록 중요한 것은 더 아는 것이 아니라 덜 보는 것이다. 정보의 양이 줄어들 때, 판단은 오히려 선명해지고 매매는 단순해진다. 수익을 갉아 먹는 것은 정보 부족이 아니라 기준 없이 쌓인 정보다.

주식투자를 시작하면 가장 먼저 하게 되는 일은 정보를 모으는 일이다. 유튜브, 리포트, 커뮤니티, 뉴스까지 하루에도 수십 개의 의견이 눈앞에 쌓인다. 처음에는 공부를 하고 있다는 느낌이 들지만, 어느 순간부터 머릿속은 더 복잡해지고 판단은 오히려 느려진다. 종목을 고르기 전보다, 고른 뒤가 더 불안해지는 경험도 자주 반복된다. 정보가 늘어날수록 확신이 커질 것 같지만, 실제로는 망설임이 함께 커진다.

정보가 많아질수록 수익이 나빠지는 가장 큰 이유는, 판단의 기준이 하나로 정리되지 않기 때문이다. 어떤 정보는 긍정이고, 어떤 정보는 부정이다. 같은 기업을 두고도 전혀 다른 해석이 동시에 들어온다. 이때 투자자는 기업을 보는 사람이 아니라, 의견을 비교하는 사람이 된다. 판단의 중심이 회사가 아니라 정보 그 자체로 옮겨 간다. 결국 무엇이 중요한지보다, 누가 어떤 말을 했는지가 더 크게 남는다.

문제는 매수 이후에 더 커진다. 이미 종목을 산 뒤에도 새로운 정보가 계속 들어온다. 처음 세웠던 판단보다, 방금 본 뉴스와 글이 더 크게 느껴진다. 이때 기준은 자연스럽게 흔들린다. 장기적인 구조보다 단기적인 자극이 판단을 대신하게 된다. 매수와 매도의 이유가 계속 바뀌기 시작하고, 스스로 세운 원칙은 점점 뒤로 밀린다.

워런 버핏은 투자에서 가장 중요한 것은 많은 정보를 아는 것이 아니라, 중요한 것만 골라내는 능력이라고 말했다. 찰리 멍거는 쓸모없는 정보는 판단을 방해하는 잡음에 가깝다고 설명했다. 하워드 막스는 불확실한 정보가 늘어날수록, 투자자는 자신이 무엇을 알고 있는지부터 점검해야 한다고 강조했다. 이 말들은 정보의 양보다 판단의 구조가 훨씬 중요하다는 사실을 보여준다.

정보가 많아질수록 또 하나의 문제가 생긴다. 결과가 나쁠 때 스스로의 판단을 점검하기보다, 정보 선택을 탓하게 된다. 이렇게 되면 경험이 쌓이지 않는다. 매매는 반복되지만 실력은 남지 않는다. 같은 실수가 다른 종목에서 되풀이된다.

정보 과잉은 행동의 속도도 망친다. 사야 할 때는 더 확인하느라 늦고, 팔아야 할 때는 반대 의견을 찾느라 머뭇거린다. 그 사이 가격은 이미 움직인다. 결국 타이밍이 아니라, 결정을 미루는 습관이 계좌를 갉아먹는다. 많은 정보가 오히려 실행력을 떨어뜨리는 악순환을 만든다.

이 문제를 줄이는 방법은 단순하다. 확인해야 할 정보를 미리 정해두는 것이다. 매출과 이익의 방향, 시장 점유율 변화, 경쟁 구조, 그리고 처음 세웠던 가정이 유지되고 있는지 정도면 충분하다. 이 범위를 벗어나는 정보는 참고용으로만 보고, 판단의 재료로 사용하지 않는다.

여기에 한 가지를 더 추가하면 기준은 훨씬 단단해진다. 새로운 정보를 볼 때마다 지금 보고 있는 내용이 내 판단을 바꿀 만큼 중요한 변화인지, 아니면 단순한 해석 차이인지를 구분하는 습관이다.

주식시장은 뉴스보다 먼저 움직이며 그 신호는 환율과 금리에서 시작된다. 환율이 바뀌면 수출기업과 수입기업의 이익 전망이 동시에 달라진다. 금리와 채권금리는 자금이 위험자산으로 향하는지 빠져나오는지를 보여준다. 유가 역시 기업 비용과 소비 심리에 직접적인 영향을 준다. 이 장은 방향을 예측하는 대신 숫자의 의미를 읽는 순서를 정리한다. 환율과 금리, 채권과 유가를 함께 보면 시장의 흐름은 훨씬 단순해진다.

6장

주식투자자가
꼭 알아야 할
최소한의 경제지식

시장 흐름을 숫자로 읽다

환율이 오르내릴 때 주식시장이 먼저 반응하는 이유는 무엇인가?

환율이 오르내릴 때 주식시장이 먼저 반응하는 이유는 단순하다. 환율은 기업의 이익 환경이 바뀌고 있다는 가장 빠른 신호이고, 주식시장은 그 신호를 먼저 가격에 반영하는 공간이기 때문이다.

환율은 나라의 돈값이 바뀌고 있다는 신호이고, 주식시장은 그 변화가 기업의 실적에 어떤 영향을 줄지를 먼저 반영하는 공간이다. 그래서 환율이 움직이면 실제 숫자가 나오기 전부터 주가는 먼저 방향을 바꾸기 시작한다.

환율이 오르거나 내릴 때 많은 사람은 수입 물가나 여행 비용부터 떠올린다. 하지만 주식시장에서는 전혀 다른 질문이 먼저 나온다. 지금 환율 변화가 어떤 기업의 이익 구조를 바꿀 것인가라는 질문이다. 시장은 현재의 상황보다, 앞으로 벌어질 변화를 먼저 가격에 담으려고 움직인다.

예를 들어 원화가 약해지면 수출 비중이 높은 기업은 같은 제품을 팔아도 원화 기준 매출과 이익이 늘어날 가능성이 커진다. 반대로 원재료를 달러로 사오는 기업은 비용 부담이 먼저 커진다. 환율이 바뀌는 순간, 어떤 기업은 이익이 늘어날 쪽으로 움직이고, 어떤 기업은 반대로 압박을 받게 된다. 주식시장은 이 차이를 빠르게 나눠서 반영한다.

중요한 점은 실적이 발표되기 전에 이미 방향이 정해진다는 것이다. 기업의 매출과 이익은 몇 달 뒤에 숫자로 확인된다. 그러나 환율은 지금 바로 바뀌고, 그 영향은 이미 계산이 가능하다. 시장은 앞으로 나올 숫자를 기다리지 않고, 먼저 가설을 세워 가격을 움직인다. 그래서 환율이 변할 때 주식시장이 먼저 반응하는 것처럼 보인다.

레이 달리오는 환율과 금리는 자금이 어디로 움직일지를 알려주는 가장 기본적인 신호라고 설명했다. 하워드 막스는 투자에서 중요한 것은 지금 보이는 결과가 아니라, 그 결과를 만들어 낼 환경의 변화라고 강조한다.

환율이 움직일 때 주가가 먼저 반응하는 또 하나의 이유는 투자 자금의 이동 때문이다. 글로벌 자금은 환율과 금리 조건을 함께 보면서 이동한다. 특정 국가의 통화 가치가 빠르게 약해지거나 강해질 때, 해외 자금은 위험과 기회를 동시에 계산한다. 이 과정에서 주식시장은 가장 먼저 매수와 매도의 대상이 된다.

특히 외국인 비중이 큰 시장일수록 환율 변화에 대한 반응이 빠르다. 환율이 불안해지면 주식을 먼저 줄이고, 안정되거나 유리해진다고 판단되면 다시 주식부터 늘린다. 기업의 실적보다 자금의 방향이 먼저 가격에 반영되는 구조다.

환율이 오를 때 주식시장이 항상 나쁘고, 내릴 때 항상 좋은 것은 아니다. 중요한 것은 환율의 방향이 아니라, 그 변화가 어떤 산업과 기업의 구조를 바꾸고 있는지다. 같은 환율 변화라도 기업마다 영향은 완전히 다르게 나타난다.

환율을 볼 때 가장 먼저 해야 할 일은 환율 전망을 맞히는 것이 아니다. 환율이 움직일 때 어떤 기업이 이익 구조에서 유리해지고, 어떤 기업이 불리해지는지를 구분하는 것이다. 이 구분이 가능해질 때, 환율은 불안한 뉴스가 아니라 투자의 좋은 기회가 된다.

환율 변화는 어떤 업종과 기업 실적에 먼저 반영되는가?

환율이 움직이면 수출기업과 수입기업부터 실적 구조가 달라지고, 주가는 그 변화를 나눠서 반영한다. 해외 비중이 큰 기업일수록, 환율은 실적에 드러나고, 주가는 그 사실을 먼저 반영한다.

환율이 변할 때 가장 먼저 영향을 받는 곳은 해외와 직접 거래하는 기업이다. 특히 수출 비중이 큰 기업은 환율 변화가 곧바로 매출과 이익 구조에 연결된다. 원화가 약해지면 같은 제품을 팔아도 달러 매출을 원화로 바꿀 때 금액이 커진다. 그래서 자동차, 반도체, 조선, 2차전지처럼 해외 매출 비중이 높은 업종은 환율이 오를 때 실적 기대가 먼저 바뀐다.

반대로 원자재와 부품을 해외에서 들여오는 기업은 환율이 오를수록 비용 부담이 커진다. 항공사, 유통업, 식품업, 화학과 같은 업종은 원가에 달러가 많이 들어간다. 환율이 오르면 매출이 그대로여도 이익이 줄어들 가능성이 커진다. 그래서 환율이 오를 때 이들 업종은 주가가 먼저 약해지는 경우가 많다.

같은 업종 안에서도 환율의 영향은 다르게 나타난다. 수출 비중이 높고 해외 공장이 많은 기업은 환율 변화에 덜 민감할 수 있다. 반대로 국내에서 생산해 해외로 파는 비중이 큰 기업은 환율에 훨씬 민감하게 반응한다. 환율은 업종보다 먼저, 기업의 매출 구조를 기준으로 실적에 반영된다.

여기서 중요한 점은 실적이 실제로 나빠지거나 좋아지기 전에 주가가 먼저 움직인다는 사실이다. 시장은 이미 환율 변화가 다음 분기, 다음 반기의 이익에 어떤 영향을 줄지를 계산한다. 그래서 아직 숫자가 나오지 않았는데도 주가는 먼저 방향을 정한다.

존 템플턴은 투자에서 중요한 것은 현재의 숫자가 아니라, 앞으로 기업 환경이 어떻게 바뀔지를 보는 것이라고 강조했다. 하워드 막스 역시 기업의 실적은 외부 환경의 변화에 의해 먼저 흔들린다고 설명한다. 환율은 그 환경 변화 중에서도 가장 빠르게 확인할 수 있는 신호다.

환율 변화가 가장 먼저 반영되는 것은 수익 구조가 단순한 기업이다. 해외 매출 비중이 높거나, 원가 구조에 달러가 크게 들어가는 기업일수록 환율의 영향이 빠르고 분명하게 나타난다. 반대로 내수 비중이 높고 원가 구조가 국내 중심인 기업은 환율 변화에 상대적으로 둔감하다.

따라서 환율을 볼 때는 업종 이름부터 떠올리기보다, 이 회사의 매출은 어디에서 나오고, 비용은 어떤 통화로 쓰이는지를 먼저 확인해야 한다. 같은 환율 변화라도 어떤 기업은 이익이 늘고, 어떤 기업은 이익이 줄어드는 구조이기 때문이다.

환율 변화는 모든 기업에 동시에 영향을 주지 않는다. 먼저 영향을 받는 기업과, 나중에 반영되는 기업이 분명히 나뉜다. 환율이 바뀌었을 때 주가가 먼저 움직이는 기업들은 대부분 매출과 비용 구조에서 이미 결과가 예상되는 기업들이다.

환율 변화가 어떤 업종과 기업 실적에 먼저 반영되는가는 결국 하나로 정리된다. 해외 매출과 해외 비용의 비중이 큰 기업일수록, 환율은 실적에 드러나고, 주가는 그 사실을 먼저 반영한다.

달러 강세와 약세는 글로벌 증시 자금 흐름을 어떻게 바꾸는가?

달러가 강해질수록 글로벌 자금은 안전과 현금으로 이동하고, 달러가 약해질수록 위험자산과 주식시장으로 다시 흘러 들어오는 흐름이 뚜렷해진다.

달러는 세계 금융시장에서 기준 통화에 가깝다. 많은 국가의 무역과 금융 거래가 달러로 이뤄지고, 글로벌 투자자들도 달러를 기준으로 수익과 위험을 계산한다. 그래서 달러의 방향이 바뀌면, 특정 나라의 문제가 아니라 전 세계 자금의 이동 방향이 함께 바뀐다.

달러가 강해진다는 것은 달러를 보유하는 것이 유리해지고 있다는 뜻이다. 금리가 높아지거나, 경기 불확실성이 커질 때 이런 현상이 자주 나타난다. 이때 글로벌 자금은 위험자산보다 현금과 채권, 그리고 달러 자산을 먼저 선택한다. 주식시장에서는 신흥국과 변동성이 큰 시장에서 자금이 먼저 빠져나가는 경우가 많다.

특히 달러 강세 국면에서는 외국인 자금이 주식시장에서 빠르게 줄어든다. 환율이 함께 움직이기 때문이다. 주가가 조금 오르더라도, 환율 손실이 발생하면 실제 수익은 줄어든다. 그래서 달러가 강해질 때는 글로벌 투자자들이 먼저 환율 위험부터 줄이려 하고, 그 과정에서 주식 비중이 낮아진다.

반대로 달러가 약해지기 시작하면 흐름은 바뀐다. 달러를 들고 있는 매력이 줄어들고, 상대적으로 수익 기회를 찾기 위한 자금이 다시 움직인다. 이때 글로벌 자금은 주식과 같은 위험 자산으로 천천히 이동한다. 특히 성장 기대가 있는 국가와 시장으로 자금이 먼저 유입되는 경향이 강하다.

달러 약세 구간에서는 외국인 자금이 신흥국 증시로 다시 들어오는 경우가 많다. 환율 부담이 줄어들고, 주가 상승에 대한 기대가 동시에 살아나기 때문이다. 이때는 개별 기업의 실적보다, 자금 유입 그 자체가 시장 분위기를 먼저 바꾸는 역할을 한다.

레이 달리오는 달러의 방향은 글로벌 자산 배분의 출발점이라고 강조한다. 그의 말은 달러가 환율 지표가 아니라, 전 세계 투자 자금의 선택을 바꾸는 기준선이라는 점을 보여준다.

중요한 점은 달러가 오르면 무조건 주식이 나쁘고, 달러가 내리면 무조건 좋은 것은 아니라는 사실이다. 핵심은 달러의 방향이 바뀔 때 자금이 어디에서 빠져나오고, 어디로 들어가는지를 함께 보는 것이다. 같은 달러 강세라도 자금이 빠져나가는 시장과 오히려 버티는 시장은 분명히 나뉜다.

투자자가 달러를 볼 때 가장 먼저 해야 할 일은 환율 예측이 아니다. 달러 강세 국면인지, 약세 국면으로 전환되는 구간인지를 구분하고, 그에 따라 글로벌 자금이 위험자산을 늘리고 있는지 줄이고 있는지를 확인하는 것이다.

달러 강세와 약세가 글로벌 증시 자금 흐름을 바꾸는 이유는 분명하다. 달러는 세계 자금이 위험을 감수할지, 안전을 선택할지를 가르는 기준선이기 때문이다. 달러의 방향이 바뀌는 순간, 주식시장은 가장 먼저 그 선택의 결과를 보여 주는 곳이 된다.

금리가 오르기 시작하면 주가는 어떤 순서로 반응하는가?

기준금리가 오르기 시작하면 시장 전체가 한 번에 움직이기보다, 먼저 흔들리는 자산과 업종이 생기고 그 영향이 다른 종목으로 순서대로 번진다.

기준금리가 오른다는 것은 돈을 빌리는 비용이 올라간다는 뜻이다. 이 변화는 당장 오늘의 실적을 바꾸지는 않지만, 앞으로 기업이 돈을 벌기 쉬운 환경인지 어려운 환경인지를 먼저 바꾼다. 그래서 주식시장은 금리가 실제로 여러 번 오른 뒤가 아니라, 오르기 시작하는 시점부터 먼저 반응한다.

가장 먼저 움직이는 것은 성장 기대가 큰 종목들이다. 아직 이익이 크지 않거나, 먼 미래의 성장을 기준으로 평가받던 기업들은 금리가 오르면 먼저 부담을 받는다. 미래의 이익을 현재 가치로 계산할 때 할인율이 높아지기 때문이다. 같은 성장 전망이라도 금리가 올라가면 지금의 주가를 정당화하기가 어려워진다. 그래서 금리 인상 국면이 시작되면 기술주나 성장주가 먼저 약해지는 흐름이 자주 나타난다.

그다음으로 영향을 받는 곳은 부채가 많은 기업이다. 기준금리가 오르면 대출 금리도 함께 올라간다. 이미 빚이 많은 기업은 이자 부담이 커지고, 앞으로 투자에 쓸 수 있는 여력이 줄어든다. 실적이 아직 나쁘지 않더라도, 이익 구조가 약해질 가능성이 먼저 반영된다. 이 단계에서 시장은 재무 구조가 약한 기업부터 다시 평가하기 시작한다.

이후에는 소비와 경기 민감 업종이 영향을 받는다. 금리가 오르면 가계와 기업 모두 지출에 조심스러워진다. 할부와 대출이 줄고, 투자 계획도 늦춰진다. 자동차, 가전, 건설, 유통처럼 경기 흐름에 민감한 업종은 수요 둔화 가능성이 먼저 가격에 반영된다. 실적 발표 전부터 주가가 먼저 반응하는 이유다.

반면 모든 업종이 같은 방향으로만 움직이지는 않는다. 금리가 오르는 환경에서 상대적으로 안정적인 현금흐름을 가진 기업이나, 가격 결정력이 있는 기업은 비교적 덜 흔들리기도 한다. 이익이 꾸준하고, 차입 의존도가 낮은 기업은 금리 변화에 대한 충격이 작다. 그래서 금리 인상 초기에는 종목 간의 차이가 점점 더 크게 벌어진다.

레이 달리오는 금리는 경제의 속도를 조절하는 가장 강력한 장치라고 설명했다. 하워드 막스는 금리 환경이 바뀌면 투자자가 감수해야 할 위험의 성격도 함께 달라진다고 말했다. 벤저민 그레이엄 역시 기업의 가치는 이익 그 자체보다, 그 이익을 둘러싼 금융 환경과 함께 봐야 한다고 강조했다. 이 말들은 금리 변화가 주가의 방향을 한 번에 결정하는 것이 아니라, 평가 기준을 바꾸는 역할을 한다는 점을 보여준다.

정리하면 기준금리가 오르기 시작할 때 주식시장은 성장 기대가 큰 종목, 부채가 많은 기업, 경기 민감 업종의 순서로 먼저 반응하는 경우가 많다. 그 뒤에야 시장 전체의 분위기가 바뀐다. 그래서 금리 뉴스를 볼 때 지수가 오르느냐 내리느냐보다, 어떤 종목이 먼저 흔들리고 있는지를 보는 것이 훨씬 중요하다.

금리는 주가를 직접 움직이는 버튼이 아니다. 금리는 어떤 기업이 앞으로 더 버티기 쉬운 구조인지, 어떤 기업이 점점 불리해지는 구조인지를 가르는 기준선이다. 금리가 오르기 시작할 때 주식시장이 순서대로 반응하는 이유는, 기업의 체력과 구조가 그 순간부터 다시 비교되기 때문이다.

채권금리는 왜 주식보다 먼저 움직이는 경우가 많은가?

채권금리가 주식보다 먼저 움직이는 이유는 분명하다. 채권시장은 기업보다 먼저 경제를 바라보고, 주식시장은 그 경제 속에서 기업이 어떻게 버틸지를 뒤이어 판단하기 때문이다.

채권금리는 지금의 상황보다 앞으로의 상황을 먼저 바라보는 가격이다. 채권을 산다는 것은 앞으로 정해진 이자를 받을 가능성과, 그 기간 동안의 경제 환경을 함께 판단한다는 뜻이다. 그래서 채권시장에서는 이미 다음 경기와 금리 환경을 가정한 거래가 먼저 이뤄진다.

주식은 기업의 실적과 성장 기대가 중심이 된다. 반면 채권은 경기와 금리, 물가와 같은 거시 환경이 중심이 된다. 기업이 얼마나 돈을 잘 벌지보다, 앞으로 돈의 가치가 어떻게 변할지를 먼저 반영한다. 이런 차이 때문에 채권금리는 주식보다 앞서 움직이는 경우가 많다.

경기가 둔화될 가능성이 커지면 투자자들은 위험 자산보다 상대적으로 안전한 자산을 찾게 된다. 이때 주식보다 먼저 선택되는 곳이 채권시장이다. 채권을 사는 사람이 늘어나면 채권 가격은 오르고, 그 결과 채권금리는 내려간다. 아직 주식시장이 크게 움직이기 전인데도, 채권금리는 이미 방향을 바꾸기 시작한다.

반대로 경기가 살아나고 물가와 금리가 오를 가능성이 커질 때는 채권이 먼저 팔린다. 앞으로 금리가 더 올라갈 것이라고 예상되면, 지금의 낮은 금리로 발행된 채권의 매력은 떨어지기 때문이다. 이때 채권금리는 먼저 올라가고, 주식시장은 그 뒤에 영향을 받는다.

중요한 점은 채권시장에 참여하는 투자자의 성격이다. 연기금, 보험사, 대형 금융기관처럼 장기 자금을 운용하는 주체들은 가장 먼저 채권 시장에서 포지션을 조정한다. 이들은 단기 주가보다 경기와 금리의 방향을 더 중요하게 본다. 그래서 채권시장은 시장 전체의 큰 방향에 가장 민감하게 반응한다.

하워드 막스는 위험을 가장 먼저 느끼는 시장이 어디인지를 보는 것이 중요하다고 말했다. 레이 달리오는 경기 국면을 판단할 때 채권과 금리의 움직임을 가장 먼저 확인해야 한다고 설명했다. 이 말들은 채권금리가 단순한 수익률 지표가 아니라, 시장의 기대가 모이는 지점이라는 사실을 보여준다.

채권금리가 주식보다 먼저 움직이는 또 하나의 이유는 계산 방식이 단순하기 때문이다. 채권은 받을 이자와 만기가 이미 정해져 있다. 그래서 금리와 물가, 경기 전망이 바뀌면 그 영향이 곧바로 가격에 반영된다. 반면 주식은 기업의 실적과 전략, 환경까지 함께 고려해야 한다. 반영 속도가 느릴 수밖에 없다.

그래서 시장을 볼 때 채권금리는 일종의 예고편에 가깝다. 채권금리가 갑자기 빠르게 내려가거나 올라가기 시작하면, 그 배경에는 경기와 금융 환경에 대한 집단적인 판단 변화가 들어 있다. 주식시장은 그 의미를 해석하면서 뒤늦게 반응한다.

채권금리를 볼 때 중요한 것은 숫자 그 자체보다 방향이다. 왜 오르고 있는지, 왜 내려가고 있는지를 함께 보아야 한다. 그 이유를 이해하면, 주식시장이 앞으로 어떤 환경 속에서 움직일 가능성이 큰지도 함께 읽을 수 있다.

장단기 금리차는
왜 경기 신호로 쓰이는가?

장단기 금리차의 의미는, 지금보다 앞으로의 환경이 더 나아질 것이라고 믿는지, 아니면 조심해야 할 시기라고 보는지를 보여 주는 시장의 대답이다. 이 신호를 이해하면, 주식시장의 움직임을 알 수 있다.

　장단기 금리차는 경제가 앞으로 어디로 향하고 있는지를 가장 먼저 보여 주는 지표 중 하나다. 복잡한 예측이나 전문가의 전망이 아니라, 시장에 참여한 자금이 어떤 선택을 하고 있는지를 그대로 드러내기 때문에 경기 신호로 활용된다. 숫자 하나이지만, 그 안에는 투자자들의 집단적인 판단이 담겨 있다.

　금리는 돈의 가격이다. 단기 금리는 중앙은행의 정책과 직접적으로 연결되어 있고, 장기 금리는 앞으로의 성장, 물가, 위험에 대한 시장의 기대가 반영된다. 그래서 두 금리의 방향과 간격을 비교하면, 시장이 현재보다 미래를 어떻게 보고 있는지가 자연스럽게 드러난다.

일반적인 정상 국면에서는 장기 금리가 단기 금리보다 높다. 시간이 길어질수록 불확실성이 커지기 때문에, 투자자는 더 높은 보상을 요구한다. 이 상태는 경제가 완만하게 성장하고, 기업의 이익과 소비가 이어질 것이라는 기대가 깔려 있다는 뜻이다. 시장이 미래를 크게 걱정하지 않는 구간이다.

문제가 되는 순간은 단기 금리가 장기 금리보다 높아질 때다. 이를 장단기 금리 역전이라고 한다. 이 현상은 시장이 단기적으로는 금리가 높게 유지될 수 있지만, 장기적으로는 성장 둔화나 경기 침체 가능성을 더 크게 보고 있다는 신호다. 투자자들이 먼 미래의 수익을 낙관하지 않는다는 뜻이다.

이런 상황에서는 자금의 움직임이 달라진다. 경기 둔화를 예상하는 투자자들은 위험 자산보다는 상대적으로 안전하다고 여겨지는 장기 채권으로 자금을 옮긴다. 장기 채권 수요가 늘어나면 가격은 오르고, 금리는 내려간다. 반대로 단기 금리는 중앙은행의 긴축 정책이나 단기 자금 수요로 인해 쉽게 낮아지지 않는다. 이 결과가 금리 역전이다.

그래서 장단기 금리차는 경기 침체를 직접 만들어내는 원인이 아니라, 경기 침체에 대한 시장의 판단이 먼저 반영된 결과다. 실제로 과거 여러 차례의 경기 침체 이전에는 장단기 금리 역전 현상이 상당 기간 먼저 나타났다. 이 때문에 장단기 금리차는 대표적인 선행 지표로 취급된다.

주식시장도 이 신호에 민감하게 반응한다. 장단기 금리차가 줄어들기 시작하면 성장 기대에 의존하던 종목들이 흔들리고, 현금 흐름이 안정적인 기업이나 방어적인 업종이 상대적으로 주목받는다. 투자자들의 관심이 수익 확대에서 리스크 관리로 이동하기 때문이다.

다만 장단기 금리차 하나만으로 시장을 단정할 수는 없다. 물가 수준, 통화 정책 방향, 글로벌 자금 이동, 지정학적 변수 등과 함께 해석해야 한다. 하지만 장단기 금리차가 오랫동안 축소되거나 역전 상태가 유지된다면, 시장이 미래를 낙관적으로 보고 있지 않다는 점만큼은 분명하다.

장단기 금리차는 경제 뉴스에서 자주 언급되지만, 의미는 단순하다. 지금보다 앞으로의 환경이 더 나아질 것이라고 믿는지, 아니면 더 조심해야 할 시기라고 보는지를 보여 주는 시장의 대답이다.

환율·금리·채권 중 시장에서 무엇을 가장 먼저 봐야 하나?

시장의 방향을 가장 먼저 알려주는 것은 채권금리이고, 환율은 그 흐름을 전달하며, 주식은 그 결과를 보여준다. 이 순서를 기준으로 시장을 보면, 숫자가 많아도 판단은 훨씬 단순해진다.

시장을 볼 때 가장 헷갈리는 순간은 여러 지표가 동시에 움직일 때다. 환율도 변하고, 기준금리 뉴스도 나오고, 채권금리도 오르내린다. 이때 무엇부터 봐야 하는지 정하지 않으면, 정보는 많아지지만 판단은 오히려 느려진다. 그래서 먼저 확인할 기준 하나를 정해두는 것이 매우 중요하다.

먼저 봐야 할 것은 채권금리다. 채권금리는 현재 상황이 아니라 앞으로의 경기와 금리 환경을 먼저 반영하는 가격이다. 채권시장은 주식시장보다 훨씬 큰 자금이 움직이고, 장기 자금을 운용하는 기관 투자자들이 먼저 포지션을 바꾼다. 그래서 시장이 불안해지거나 경기 둔화를 예상할 때 가장 먼저 움직이는 곳이 채권시장이다.

채권금리가 먼저 방향을 바꾸면, 그다음에 환율이 반응하는 경우가 많다. 글로벌 자금은 채권과 금리 변화를 보고 어느 나라에 돈을 둘지 판단한다. 채권금리가 급하게 내려가거나 올라가기 시작하면, 위험을 줄이거나 늘리려는 움직임이 생기고, 그 과정에서 통화 간 자금 이동이 발생한다. 이 흐름이 환율에 비교적 빠르게 반영된다.

환율이 움직이기 시작하면, 그 영향이 주식시장으로 전달된다. 환율 변화는 기업의 매출과 비용 구조를 바꾸고, 외국인 자금의 유입과 이탈에도 직접적인 영향을 준다. 그래서 실제로 주가가 본격적으로 반응하는 단계는 채권금리와 환율이 먼저 움직인 뒤인 경우가 많다. 주식시장은 항상 가장 마지막에 구조 변화를 가격으로 정리한다.

정리하면 순서는 비교적 분명하다. 채권금리가 먼저 움직이고, 환율이 그 흐름을 따라 반응하며, 주식시장은 마지막에 기업과 자금 흐름의 변화를 가격에 담는다. 이 순서를 알고 있으면, 뉴스가 쏟아질 때 무엇이 원인이고 무엇이 결과인지 구분하기 쉬워진다.

레이 달리오는 경기와 시장을 볼 때 가장 먼저 확인해야 할 것은 금리와 채권시장이라고 설명했다. 하워드 막스 역시 투자 판단에서 중요한 것은 눈앞의 주가가 아니라, 자금이 움직이는 환경이라고 강조했다.

물론 항상 채권금리 하나만 보면 충분한 것은 아니다. 다만 출발점을 하나만 정해야 한다면, 채권금리가 가장 적절하다. 채권금리는 경기 둔화에 대한 두려움, 물가와 정책에 대한 기대, 자금의 위험 선호도를 동시에 담고 있기 때문이다. 같은 방향으로 여러 신호가 겹칠수록 시장의 해석은 더 분명해진다.

채권금리의 방향이 확인되면, 그다음으로 환율을 함께 본다. 환율이 같은 방향으로 움직이는지, 아니면 다른 신호를 보내고 있는지를 확인하면 시장의 해석이 더 분명해진다.

마지막으로 주식시장을 보며 어떤 업종과 종목이 먼저 반응하는지를 점검하면 된다. 이때 지수보다 중요한 것은, 금리와 환율 변화에 민감한 종목들이 실제로 움직이고 있는지다. 금융주, 성장주, 수출주 같은 민감한 영역이 먼저 반응하는지 확인하는 것이 도움이 된다.

유가가 주식시장에
미치는 영향은 무엇인가?

유가는 주식시장에 긍정과 부정을 동시에 품은 신호다. 중요한 것은 유가가 오르고 내렸다는 사실이 아니라, 왜 움직이고 있는지, 그 변화가 비용과 수요에 어떤 방향으로 작용하는지를 구분하는 것이다.

유가는 단순한 원자재 가격이 아니라, 경제 전반의 비용 구조와 기대 심리를 동시에 흔드는 변수다. 그래서 주식시장은 유가의 방향뿐 아니라 움직이는 이유와 속도까지 함께 본다. 유가를 이해하면 개별 기업의 실적뿐 아니라, 시장 전체가 왜 흔들리는지도 한 단계 위에서 보이기 시작한다.

유가는 거의 모든 산업의 기초 비용에 스며들어 있다. 원유는 연료이자 원재료다. 운송비, 전기료, 생산비, 물류비로 연결되고, 이 비용은 결국 기업의 이익률에 영향을 준다. 유가가 오르면 같은 제품을 만들기 위해 더 많은 비용이 들어가고, 이 부담은 시간이 지나며 실적에 반영된다. 특히 항공, 운송, 화학, 제조업처럼 에너지 의존도가 높은 산업일수록 영향은 빠르고 직접적이다.

이 때문에 유가 상승은 많은 경우 주식시장에 부담으로 작용한다. 기업의 비용이 늘어나면 이익 전망이 낮아지고, 동시에 물가 상승 압력도 커진다. 물가가 오르면 중앙은행은 금리를 쉽게 내리기 어렵고, 이는 주식시장의 평가 기준을 더 보수적으로 만든다. 유가 상승은 기업 실적과 금융 환경을 동시에 압박하는 변수다.

하지만 유가 상승이 항상 나쁜 신호는 아니다. 경기가 회복되며 수요가 늘어나 유가가 오르는 경우라면, 시장은 이를 성장 과정의 일부로 받아들인다. 이때는 일부 업종의 부담보다 전체 경제 활동 회복에 더 주목해야 한다. 반대로 전쟁, 공급 차질, 지정학적 불안으로 유가가 급등하면 이야기는 달라진다. 이 경우 유가는 불확실성과 비용 충격의 상징이 된다.

유가 하락 역시 맥락이 중요하다. 완만한 하락은 기업의 비용 부담을 줄이고 소비 여력을 키워 주식시장에 긍정적으로 작용할 수 있다. 하지만 유가가 급격히 떨어질 경우에는 수요가 급감하고 있다는 신호로 해석된다. 이때 시장은 비용 감소보다 경기 둔화 가능성을 먼저 떠올린다. 그래서 유가 하락이 오히려 주가 하락과 함께 나타나는 경우도 적지 않다.

업종별로 보면 유가의 영향은 더욱 분명해진다. 에너지 기업과 정유사는 유가 상승의 직접적인 수혜를 받을 수 있다. 반면 항공, 운송, 소비재 기업은 비용 부담이 커진다. 같은 유가 변화라도 어떤 산업, 어떤 기업에 투자하고 있는지에 따라 결과는 완전히 달라진다.

유가는 환율과도 밀접하게 연결된다. 유가가 오르면 원유를 수입하는 국가의 무역수지가 악화될 수 있고, 이는 통화 가치에 영향을 준다. 환율 변화는 다시 외국인 자금 흐름과 주식시장 변동성을 키운다. 유가는 단독으로 작용하지 않고, 환율과 금리, 자금 이동을 함께 자극하는 변수다.

주식시장은 유가 자체보다 그 다음 단계를 본다. 유가 상승이 물가를 얼마나 자극할지, 금리 정책을 얼마나 오래 묶어 둘지, 소비와 기업 투자를 얼마나 위축시킬지를 계산한다. 그래서 유가 변화는 즉각적인 주가 반응보다, 몇 달 뒤 실적과 정책 변화로 이어지는 경우가 많다.

투자 성과는 종목 선택보다 계좌를 어떻게 운영하느냐에서 더 크게 갈린다. 분산은 필요하지만 기준 없이 늘어나면 관리가 느슨해진다. 비중이 과도해지면 한 번의 실수가 전체 계좌를 흔든다. 하락장에서는 수익 확대보다 손실 통제가 먼저다. 추천 종목도 걸러내는 기준이 없으면 반복 매매로 이어진다. 이 장은 계좌를 지키면서 수익을 쌓아 가는 관리 원칙을 정리한다.

7장

손실은 적게,
이익은 많이 내는
계좌 관리법

손실을 막고 이익은 길게 가져가는 법

주식투자, 분산은 몇 개 종목이 적당한가?

주식투자에서 분산 투자는 안전한 선택처럼 보이지만, 기준 없이 늘리면 수익도 관리도 동시에 나빠진다. 스스로에게 이 종목을 왜 들고 있는지 설명할 수 없는 순간, 그 종목은 이미 관리 대상이 아니다.

주식을 시작하면 가장 많이 듣는 말이 분산 투자다. 하지만 실제 계좌를 들여다보면, 종목이 많을수록 오히려 관리가 어려워지는 경우가 적지 않다. 어떤 종목이 왜 들어 있는지 기억이 흐려지고, 실적과 공시, 산업 흐름도 제대로 따라가지 못한다. 분산을 했다는 느낌만 남고, 판단은 점점 느슨해진다. 종목이 늘어날수록 책임감이 줄어드는 현상도 함께 나타난다.

분산의 목적은 수익을 늘리는 데 있지 않다. 가장 중요한 목적은 한 번의 실수로 계좌가 크게 흔들리는 일을 막는 것이다.

특정 종목 하나가 예상과 다르게 움직였을 때, 계좌 전체가 함께 무너지는 구조를 피하는 것이 분산의 핵심이다. 분산은 공격 전략이 아니라, 계좌를 오래 유지하기 위한 방어 전략이다.

현실적으로 개인 투자자가 관리할 수 있는 종목 수는 많지 않다. 기업의 실적과 사업 구조, 경쟁 환경을 꾸준히 확인하면서 투자할 수 있는 범위를 기준으로 보면, 보통 5개에서 10개 안쪽이 가장 현실적이다. 이 범위를 넘어가면 분산이 아니라 방치에 가까워진다. 종목 수가 늘어날수록 점검의 깊이는 자연스럽게 얕아진다.

종목 수를 정할 때 중요한 기준은 숫자가 아니라, 서로 다른 위험을 가지고 있는지다. 모두 같은 산업, 같은 테마, 같은 경기 흐름에 묶여 있다면 종목이 여러 개여도 실제 위험은 하나와 다르지 않다. 반대로 산업과 수익 구조가 다른 기업들로 구성되어 있다면, 종목 수가 많지 않아도 분산 효과는 충분하다. 이때 성격이 다른 종목을 고르는 것이 핵심이다.

하워드 막스는 분산은 무작위로 나누는 행위가 아니라, 서로 다른 위험을 나누는 과정이라고 설명했다. 이 말은 종목 개수보다 구조가 더 중요하다는 뜻이다.

분산이 잘 되어 있는 계좌는 평소에는 눈에 띄지 않는다. 대신 시장이 크게 흔들릴 때 차이가 분명해진다. 어떤 종목은 빠지고, 어떤 종목은 덜 빠지거나 오히려 버틴다. 이때 계좌 전체의 흔들림이 줄어들면, 투자자는 감정적으로 훨씬 안정된 판단을 할 수 있다. 이 안정감이 다음 매매의 질을 바꾼다.

또 하나 중요한 기준은 종목 비중이다. 종목이 8개여도, 한 종목에 절반이 들어 있다면 분산이라고 보기 어렵다. 계좌에서 가장 큰 비중을 차지하는 종목이 흔들릴 때, 계좌 전체가 함께 흔들리기 때문이다. 분산은 종목 수와 비중이 함께 맞춰질 때 의미가 생긴다. 숫자만 맞춘 분산은 실제 위험을 줄여 주지 못한다.

초보 투자자에게 가장 무리가 없는 구조는, 핵심 종목 몇 개와 보조 종목 몇 개로 나누는 방식이다. 실적과 구조를 가장 잘 이해하고 있는 기업을 중심에 두고, 나머지는 위험을 나누는 역할로 구성하는 것이 현실적이다.

결국 좋은 분산이란, 종목이 많아서 마음이 편해지는 것이 아니라, 어떤 한 종목이 실패해도 계좌가 계속 살아 있을 수 있는 시스템이다. 이 시스템이 만들어질 때, 계좌는 운이 아니라 관리의 영역으로 들어온다.

주식과 채권, 현금 비율은 어떻게 잡아야 하는가?

좋은 자산 비율이란, 수익이 잘 날 때를 위한 비율이 아니라, 수익이 나지 않을 때도 계좌를 지킬 수 있는 비율이다. 이 구조가 만들어질 때, 투자는 예측이 아니라 관리의 영역으로 들어온다.

주식과 채권, 현금 비율을 정할 때 많은 사람은 먼저 수익률을 떠올린다. 주식을 많이 담으면 수익이 커질 것 같고, 채권과 현금을 늘리면 수익이 줄어들 것 같다는 생각이 든다. 그러나 자산 비율의 진짜 역할은 수익을 키우는 데 있기보다, 있을 수 있는 위험을 분산하는 데 있다.

주식은 싱장과 수익의 원천이지만 변동성이 크다. 채권은 수익은 낮아 보여도 계좌의 흔들림을 줄여 주는 역할을 한다. 현금은 수익을 만들어주지는 않지만, 위기가 왔을 때 선택권을 남겨 준다. 이 세 가지는 서로 성격이 완전히 다르다. 비율을 나누다는 것은, 서로 다른 역할을 계좌 안에 함께 두는 것이다.

　가장 먼저 정해야 할 것은, 내가 감당할 수 있는 변동성의 수준이다. 주가가 크게 빠질 때 계좌가 얼마나 흔들려도 괜찮은지를 먼저 생각해야 한다. 수익 목표보다, 손실을 바라보는 나의 태도가 비율을 결정한다. 이 기준이 없으면, 비율은 항상 시장 분위기에 따라 흔들린다.

　현실적으로 많은 개인 투자자에게 가장 중요한 기준은 생활과 분리된 자금인지 여부다. 가까운 시기에 써야 할 돈이 섞여 있다면, 주식 비중은 자연스럽게 낮아져야 한다. 투자 기간이 길고, 당분간 쓸 일이 없는 자금일수록 주식 비중을 높일 수 있다. 시간은 가장 강력한 위험 완화 장치이기 때문이다.

　워런 버핏은 주식이 훌륭한 자산이지만, 그것을 견딜 수 있는 사람에게만 적합하다고 말했다. 하워드 막스는 자신이 감당할 수 있는 손실 범위를 정확히 아는 것이 투자에서 가장 중요한 출발점이라고 강조했다. 이 말들은 자산 비율이 시장 전망이 아니라, 자신의 한계를 기준으로 정해져야 한다는 점을 분명히 보여준다.

　채권의 역할을 단순히 안전자산으로만 이해하면 비율을 잡기 어렵다. 채권은 주식이 크게 흔들릴 때 계좌의 낙폭을 줄여주고, 동시에 현금으로 바꿔 다시 투자할 수 있는 완충 장치가 된다. 모든 자산이 주식에 묶여 있으면, 좋은 기회가 와도 움직일 수 없다.

현금 역시 중요한 자산이다. 현금은 아무것도 하지 않는 돈처럼 보이지만, 위기 상황에서는 가장 강한 무기가 된다. 급락이 왔을 때 계좌를 지키는 역할을 할 뿐 아니라, 가격이 충분히 내려왔을 때 다시 들어갈 수 있는 여유를 만든다. 현금 비중이 전혀 없는 계좌는 항상 조급해질 수밖에 없다.

비율을 정하는 가장 단순한 방법은, 하락장을 기준으로 생각해보는 것이다. 주식시장이 크게 빠졌을 때 지금의 비율로도 평소의 판단을 유지할 수 있을지를 스스로에게 묻는다. 만약 그렇지 않다면, 주식 비중은 이미 나에게 과하다. 비율은 이론이 아니라, 실제 행동을 기준으로 맞춰야 한다.

주식과 채권, 현금 비율에는 정답이 없다. 다만 분명한 원칙은 있다. 주식은 수익을, 채권은 안정성을, 현금은 선택권을 담당해야 한다는 점이다. 이 세 역할이 계좌 안에서 균형을 이루고 있을 때, 자산 배분은 효과적이라고 할 수 있다.

국내 주식투자자가 반드시 알아야 할 세금은 무엇인가?

국내 주식투자자가 세금에서 반드시 기억해야 할 핵심은 많지 않다. 거래할 때 빠지는 세금, 배당에 붙는 세금, 그리고 금융소득 규모에 따라 달라질 수 있는 부담, 이 세 가지만 정확히 구분하면 된다

먼저 주식을 거래할 때 내는 세금이다. 국내 주식을 팔면 매도 수익이 있든 없든 자동으로 증권거래세 0.15%가 부과된다. 이것은 수익에 붙는 세금이 아니라 거래 행위 자체에 붙는 비용이다. 그래서 단기 매매가 잦을수록, 수익 여부와 상관없이 계좌에서 빠져나가는 금액은 눈에 보이지 않게 누적된다. 매매를 반복할수록 체감 수익률이 낮아지는 첫 번째 이유다.

다음으로 기억해야 할 것은 배당에 붙는 세금이다. 회사가 이익을 주주에게 나눠줄 때 나오는 배당금에는 배당소득세

15.4%가 원천징수된다. 이 세율은 소득세 14%와 지방소득세 1.4%를 합친 수치다. 배당금이 통장에 그대로 들어오는 것처럼 보이지만, 실제로는 이미 세금이 빠진 뒤의 금액이다. 이 때문에 배당률이 높아 보여도 실제로 계좌에 남는 돈은 기대보다 적을 수 있다. 배당을 투자 전략의 중심에 두고 있다면 반드시 세후 기준으로 판단해야 한다.

또 하나 중요한 세금 개념은 금융소득종합과세다. 배당이나 이자 등 연간 금융소득 합계가 2천만 원을 초과하면, 초과분에 대해 다른 소득과 합산해 종합소득세율이 적용된다. 이 경우 세율은 소득 구간에 따라 크게 높아질 수 있다. 연간 금융소득이 적을 때는 배당소득세 15.4%로 과세가 끝나지만, 일정 금액을 넘으면 신고 의무와 함께 부담 자체가 달라진다. 배당이 꾸준히 쌓이는 투자자일수록 이 기준을 미리 염두에 두어야 한다.

세금은 대부분 투자자가 수익이 난 뒤에야 떠올리는 경우가 많다. 그러나 실제로는 매매를 할 때마다 계좌에 영향을 주는 비용이다. 거래 횟수가 많을수록 세금과 비용은 눈에 잘 띄지 않지만, 계좌에서 빠져나간 총액은 분명히 늘어난다.

국내 주식투자자가 특히 주의해야 할 점은 같은 수익이라도 세금이 붙는 방식이 서로 다르다는 사실이다. 매도에는 거래

세, 배당에는 배당소득세, 금융소득이 커지면 종합소득세가 적용될 수 있다. 이 차이를 구분하지 않으면, 수익이 늘어날수록 오히려 체감 성과가 떨어지는 상황을 겪게 된다.

세금은 결과를 보고 계산하는 문제가 아니라, 투자 전략을 세울 때부터 함께 고려해야 할 비용이다. 세금을 관리하는 가장 좋은 방법은 복잡한 절세 상품을 찾는 것이 아니라, 매매 횟수와 투자 구조를 먼저 점검하는 것이다. 잦은 매매는 세금과 비용을 동시에 늘린다. 반대로 보유 기간이 길어질수록, 같은 수익이라도 실제로 남는 돈은 분명히 달라진다.

또 하나 중요한 기준은 기록이다. 한 해 동안 배당을 얼마나 받았는지, 거래를 얼마나 자주 했는지를 정리해보면, 세금이 계좌에 어떤 영향을 주고 있는지가 분명하게 드러난다. 대부분의 투자자는 수익률은 기억하지만, 세금으로 빠져나간 금액은 정확히 인식하지 못한다.

국내 주식투자자가 세금에서 반드시 기억해야 할 핵심은 많지 않다. 거래할 때 빠지는 세금, 배당에 붙는 세금, 그리고 금융소득 규모에 따라 달라질 수 있는 부담, 이 세 가지만 정확히 구분하면 된다.

하락장에서 계좌를 지키는 가장 중요한 원칙은 무엇인가?

하락장에서는 수익을 되찾으려는 행동보다, 보유 종목의 상태와 계좌의 노출 수준을 먼저 낮추는 관리가 가장 중요하다.

하락장이 시작되면 대부분의 투자자는 가격부터 확인한다. 전일 대비 몇 퍼센트가 빠졌는지, 내 계좌가 얼마나 줄었는지가 먼저 눈에 들어온다. 그러나 하락장에서 계좌를 지키는 출발점은 가격이 아니라, 지금 들고 있는 종목이 여전히 정상적으로 사업을 하고 있는지다. 매출이 유지되고 있는지, 고객과 시장이 사라지지 않았는지, 자금이 막히지 않았는지를 먼저 확인해야 한다.

하락장에서 가장 먼저 점검해야 할 것은 기업의 현금 흐름이다. 이익이 줄어들어도 당장 운영이 가능한지, 차입에 과도하게 의존하고 있지는 않은지가 중요하다. 하락 국면에서는 성장보다 생존이 먼저 평가된다. 실적이 나쁘더라도 버틸 수 있는 기업과 작은 충격에도 흔들리는 기업은, 이 시점에서 분명하게 갈린다. 이 차이는 시간이 지날수록 더 크게 드러난다.

두 번째 원칙은 계좌의 노출 크기를 줄이는 것이다. 노출이란 시장이 더 빠질 때 내가 함께 맞게 되는 충격의 크기다. 종목이 몇 개냐보다, 변동성이 큰 종목에 얼마나 많이 들어가 있는지가 훨씬 중요하다. 하락장에서 계좌를 망치는 경우는 대부분 종목 선택이 아니라 비중 관리에서 나온다. 비중은 하락장이 오기 전에 이미 결정되어 있어야 한다.

세 번째 원칙은 판단 속도를 늦추는 것이다. 하락장에서는 정보의 속도가 판단의 질을 앞선다. 급락 뉴스, 전문가 발언 등이 이어질수록 행동은 빨라지지만 정확도는 떨어진다. 이 시기에는 매매를 늘리는 것이 아니라, 일정 기간 매매를 제한하는 것이 오히려 계좌를 지키는 방법이 된다. 매매 중단 기준을 만들어두는 것도 도움이 된다.

하워드 막스는 위험을 통제하지 못한 수익은 결국 의미가 없다고 말했다. 워런 버핏 역시 투자에서 가장 중요한 것은 얼마나 벌었느냐보다, 얼마나 크게 잃지 않았느냐라고 강조했다. 이 말들은 하락장에서 가장 먼저 해야 할 일이 수익 회복이 아니라 손실 확대 차단이라는 점을 분명히 보여준다.

하락장에서 흔히 나타나는 또 하나의 실수는, 결정을 미루는 것이다. 그러나 무너진 종목을 계속 보유하는 것은 기다림이 아니라 방치에 가깝다. 사업 환경이 바뀌었거나 경쟁력이 약해졌다면, 가격이 이미 많이 빠졌다는 이유만으로 들고 있는 것은 위험하다. 손실의 크기보다 구조의 변화가 먼저 기준이 되어야 한다.

반대로 기업의 상태가 유지되고 있다면, 모든 하락을 피하려고 할 필요는 없다. 하락장은 언제나 오고, 모든 하락을 피하는 것은 현실적으로 불가능하다. 중요한 것은 어떤 하락을 감당할 수 있고, 어떤 하락은 피해야 하는지를 구분하는 것이다. 이 구분은 가격이 아니라 기업의 현재 상태와 재무 여력에서 나온다.

하락장에서 계좌를 지키는 가장 중요한 원칙은 하나로 정리된다. 지금의 변동을 이겨내려 하지 말고, 다음 국면까지 살아남는 구조를 먼저 만드는 것이다. 기업의 생존력, 계좌의 노출 크기, 그리고 행동 속도를 동시에 관리할 때 하락장은 계좌를 무너뜨리는 시간이 아니라, 계좌의 약점을 정리하는 시간이 된다.

예상치 못한 폭락에 어떻게 대비할 수 있는가?

하워드 막스는 투자에서 가장 중요한 것은 미래를 맞히는 능력이 아니라, 나쁜 시기를 버틸 수 있는 준비라고 말했다. 이 말은 폭락에 대한 대비가 전망이 아니라 준비의 문제라는 점을 분명하게 보여준다.

시장이 크게 무너질 때마다 사람들은 항상 같은 질문을 한다. 왜 미리 알 수 없었느냐는 것이다. 그러나 실제 시장의 폭락은 대부분 예고 없이 시작된다. 뉴스가 분명해졌을 때는 이미 가격이 먼저 움직인 뒤다.

예상하지 못한 폭락에 대비하는 가장 기본적인 출발점은, 계좌가 한 번의 급락으로 치명적인 손실을 입지 않도록 구조를 만들어두는 것이다. 어떤 종목이든, 어떤 자산이든, 동시에 흔들릴 수 있다는 전제를 먼저 받아들여야 한다. 여러 종목을 들고 있다고 해서 자동으로 안전해지는 것은 아니다.

가장 먼저 점검해야 할 것은 현금이다. 현금은 수익을 만들어주지 않지만, 폭락장에서 선택권을 만들어준다. 가격이 크게 빠졌을 때 아무것도 할 수 없는 상태와 필요하면 매수할 수 있는 상태는 심리적으로도 전혀 다르다. 현금 비중은 수익률이 아니라 위기 대응력이다.

두 번째는 자산의 성격이다. 같은 주식이라도 경기 민감도가 높은 종목과 상대적으로 안정적인 종목은 하락장의 움직임이 다르다. 주식 안에서만 분산하는 것보다, 주식과 채권, 현금을 함께 관리하는 구조가 폭락 시 계좌의 낙폭을 완화해준다. 구조가 다르면 회복 속도도 달라진다.

세 번째는 미리 정해둔 행동 기준이다. 폭락이 오면 대부분의 판단은 감정에 의해 이뤄진다. 언제 일부를 정리할지, 언제 추가 매수를 검토할지, 어떤 상황에서는 아무것도 하지 않을지를 사전에 정해두지 않으면, 그날의 분위기에 따라 결정이 바뀌게 된다. 위기에서 기준이 없는 계좌는 가장 먼저 흔들린다.

네 번째는 레버리지와 신용거래다. 예상하지 못한 폭락에서 가장 먼저 무너지는 계좌는, 빌린 돈이 들어 있는 계좌다. 가격이 아니라 증거금이 먼저 문제를 만든다. 폭락은 손실보다, 강제 청산이라는 형태로 투자자를 시장 밖으로 밀어낸다. 폭락에 대비한다는 것은, 이런 것들을 계좌에서 제거하는 일과 같다.

다섯 번째는 손실을 받아들이는 범위를 현실적으로 설정하는 것이다. 계좌가 일정 수준 이상 하락했을 때, 전략을 재점검하거나 비중을 줄이는 기준이 없다면, 하락은 단순한 변동성이 아니라 장기적인 손실로 이어지기 쉽다. 회복을 기다리는 것과 방치하는 것은 전혀 다르다.

마지막으로 중요한 것은 폭락을 특별한 사건으로만 보지 않는 태도다. 시장은 주기적으로 큰 조정을 겪어 왔고, 앞으로도 반복될 가능성이 높다. 폭락을 일상적인 위험으로 받아들이면 주식투자 전략은 자연스럽게 보수적으로 설계된다.

결국 예상하지 못한 폭락에 대비하는 가장 현실적인 방법은, 언제 올지 모르는 하루를 맞히는 것이 아니라, 어떤 하루가 와도 계좌가 살아남도록 만들어두는 것이다.

유튜브·SNS 추천 종목을 걸러내는 노하우는 무엇인가?

유튜브와 SNS 추천 종목은 정보의 문제가 아니라 판단 순서의 문제이며, 회사를 먼저 보고 가격은 마지막에 확인하는 다섯 가지 질문만 지켜도 불필요한 매매와 감정 소모를 크게 줄일 수 있다.

유튜브나 SNS에서 종목을 접할 때 가장 먼저 생기는 감정은 기대다. 이미 많이 올랐다는 말, 곧 재료가 나온다는 말, 지금이 마지막 기회라는 표현은 판단을 빠르게 만든다. 그러나 문제는 정보의 질이 아니라, 내가 그 종목을 어떤 순서로 바라보고 있느냐에 있다. 대부분은 회사보다 가격을 먼저 보고, 구조보다 분위기를 먼저 본다. 이 순서가 바뀌는 순간, 같은 정보라도 전혀 다른 결과로 이어진다.

첫 번째로 확인해야 할 것은 이 회사가 무엇으로 돈을 버는

가이다. 사업 내용이 한 문장으로 설명되지 않으면 그 종목은 이미 보류 대상이다. 매출이 어디에서 나오고, 고객이 누구인지, 반복적으로 돈이 들어오는 구조인지가 분명해야 한다.

두 번째는 이 사업의 수요가 앞으로도 유지될 수 있는가이다. 일시적인 유행인지, 경기와 무관하게 꾸준히 필요한 영역인지 구분해야 한다. 시장의 크기와 고객의 변화 방향, 그리고 대체 기술이나 대체 서비스가 등장하고 있는지도 함께 살펴보는 것이 필요하다.

세 번째는 이 회사가 경쟁에서 쉽게 밀리지 않는 구조를 가지고 있는가이다. 기술, 브랜드, 유통망, 전환 비용 중 무엇이 실제로 경쟁력을 지켜주는지 확인해야 한다. 경쟁사가 따라올 때 이 회사가 방어할 수 있는 수단이 있는지도 반드시 확인해야 한다.

네 번째는 최근 실적의 변화다. 매출과 이익이 함께 움직이고 있는지, 비용이 과도하게 늘고 있지는 않은지, 현금이 실제로 들어오고 있는지를 본다. 숫자의 크기보다 중요한 것은 방향이다. 좋아지고 있는지, 정체되고 있는지를 먼저 확인해야한다. 한두 분기의 숫자보다 최근 흐름이 이어지고 있는지도 함께 살펴보는 것이 좋다.

다섯 번째는 이 모든 내용을 확인한 뒤에 가격을 본다는 점이다. 지금 주가가 이 회사의 변화 가능성을 이미 충분히 반영하고 있는지, 아니면 아직 여지가 남아 있는지를 마지막에 판단한다. 가격을 먼저 보면, 이후의 모든 정보는 그 가격을 정당화하는 방향으로 해석되기 쉽다. 이 단계에서는 싸 보이는지보다, 내가 확인한 내용이 가격에 얼마나 반영되어 있는지를 차분히 살핀다.

유튜브와 SNS는 앞으로도 계속 종목을 쏟아낼 것이다. 그 흐름을 막을 수는 없다. 대신 내가 지켜야 할 것은 순서다. 회사, 수요, 경쟁력, 실적, 그리고 마지막에 가격을 보는 다섯 단계만 지켜도 추천 종목의 절반 이상은 자연스럽게 걸러진다.

종목을 많이 아는 것보다, 걸러내는 기준이 있는 계좌가 결국 오래 살아남는다. 이 기준이 쌓일수록 매매 횟수는 줄고, 판단의 속도보다 판단의 정확도가 조금씩 높아진다.

나의 주식 매매 성과를 기록하면 무엇이 달라지는가?

기록은 나를 감시하기 위한 것이 아니다. 나를 고치기 위한 도구다. 잘한 판단은 다음에도 반복할 수 있게 만들고, 나쁜 판단은 줄여준다. 이제 내 계좌는 점점 운이 아니라 관리의 영역으로 들어오게 된다.

대부분의 투자자는 수익이 났는지, 손실이 났는지만 기억한다. 그러나 시간이 조금만 지나면 왜 그 종목을 샀는지, 어떤 이유로 팔았는지는 거의 남지 않는다. 기억에 남는 것은 결과뿐이고, 판단의 과정은 빠르게 사라진다. 이 상태에서는 같은 실수가 다른 종목 이름으로 반복되기 쉽다. 그래서 성과가 쌓이지 않고, 경험도 축적되지 않는다.

매매 성과를 기록하기 시작하면 가장 먼저 달라지는 것은, 매매가 우연처럼 느껴지지 않게 된다는 점이다. 종목 이름과 수익률만 적는 것이 아니라, 왜 샀는지, 어떤 기대를 했는지, 무엇이 확인되면 팔기로 했는지를 함께 남기면, 매매는 하나의 선택이 아니라 하나의 판단으로 바뀐다. 그 순간부터 결과보다 과정이 먼저 보이기 시작하고, 감정이 개입할 틈도 자연스럽게 줄어든다.

또한 기록을 하면 자신의 매매 패턴이 눈에 보이기 시작한다. 손실이 자주 발생하는 구간이 있는지, 특정 유형의 종목에서만 성과가 나쁜지, 급하게 들어간 매매에서 실수가 많았는지를 확인할 수 있다. 머릿속에서는 잘 안 보이던 흐름이, 기록을 통해 구조로 드러난다. 특히 같은 이유로 샀던 종목들이 비슷한 결과를 만들고 있는지도 쉽게 확인할 수 있다.

특히 중요한 부분은 매수 이유와 매도 이유를 따로 적는 것이다. 매수할 때의 가정과, 매도할 때의 현실이 얼마나 달라졌는지를 비교해보면 내가 판단을 바꾸는 기준이 명확했는지, 아니면 감정에 따라 움직였는지가 드러난다.

피터 린치는 자신이 이해하는 기업에 투자하고, 그 이유가 변했을 때 매도를 고민해야 한다고 말했다. 이 말은 매매의 핵심이 가격이 아니라 판단의 변화에 있다는 뜻이다. 기록은 바로 이 판단의 변화를 확인하기 위한 가장 직접적인 도구다.

기록을 하다 보면 또 하나 분명해지는 점이 있다. 수익을 낸 매매보다, 손실을 줄였던 매매가 계좌에 더 큰 영향을 주고 있다는 사실이다. 작은 손실로 끝난 거래들이 쌓여, 전체 수익률을 지키고 있었음을 뒤늦게 알게 되는 경우가 많다.

형식은 복잡할 필요가 없다. 날짜, 종목, 매수 이유, 매도 기준, 실제 매도 이유, 느낀 점 정도면 충분하다. 중요한 것은 매번 같은 항목으로 남기는 것이다. 그래야 비교가 가능해지고, 패턴이 드러난다. 한 달에 한 번만이라도 기록을 모아 다시 읽어 보면, 스스로의 약점과 강점이 훨씬 빠르게 보이기 시작한다.

기록은 나를 감시하기 위한 것이 아니다. 나를 고치기 위한 도구다. 잘한 판단은 다음에도 반복할 수 있게 만들고, 나쁜 판단은 줄여준다. 매매 성과를 기록하기 시작하면, 계좌는 점점 운이 아니라 관리의 영역으로 들어오게 된다.

결국 기록이 만들어주는 가장 큰 변화는 수익률이 아니라 태도다. 매매를 하기 전에 한 번 더 생각하게 되고, 매매가 끝난 뒤에는 한 번 더 돌아보게 된다. 이 작은 습관이 쌓일수록, 계좌는 서서히 든든해진다.

주식투자 성과가 나쁠 때 가장 먼저 점검해야 할 것은 무엇인가?

왜 샀는지, 어떤 기준으로 유지했는지, 언제 구조가 바뀌었다고 판단했는지를 다시 확인하는 것만으로도 성과 부진의 원인은 상당 부분 드러난다. 이 점검이 먼저 이루어질 때, 다음 선택은 이전보다 훨씬 단단해진다.

계좌 수익률이 눈에 띄게 나빠지기 시작하면 대부분의 사람은 가장 먼저 종목부터 의심한다. 무엇을 잘못 샀는지, 더 좋은 종목은 없었는지를 찾기 시작한다. 그러나 성과가 나빠지는 원인은 대개 종목 하나가 아니라, 판단 과정 전체에 숨어 있다. 그래서 성과가 흔들릴수록 먼저 점검해야 할 것은 종목 목록이 아니라, 나의 투자 방식이다.

가장 먼저 확인해야 할 것은 매수 이유가 실제로 지켜졌는가이다. 종목을 살 때는 분명한 기대와 가정을 가지고 들어갔지만, 시간이 지나면서 그 이유를 잊은 채 보유하고 있는 경우가 많다. 매출이 늘어날 것이라고 판단했는지, 시장이 커질 것이라고 보았는지, 경쟁력이 유지될 것이라고 생각했는지를 다시 꺼내 놓고, 지금의 상황과 비교해야 한다. 이 가정이 깨졌다면, 성과가 나빠진 원인은 이미 설명이 된다.

두 번째로 점검해야 할 것은 매매 기준이 실제 행동에 반영되었는가이다. 손절 기준이 있었는지, 비중을 늘리거나 줄이는 기준이 있었는지, 그리고 그 기준을 실제로 지켰는지를 확인해야 한다. 기준이 있었지만 지키지 못했다면, 성과가 나쁜 이유는 시장이 아니라 나의 행동에 있다.

세 번째는 비중이다. 성과가 나쁜 계좌를 들여다보면, 손실이 큰 종목보다 비중이 큰 종목이 문제인 경우가 더 많다. 작은 실수라도 비중이 크면 계좌 전체에 미치는 영향이 커진다. 같은 판단 실수라도, 비중이 달랐다면 성과는 전혀 다르게 나타났을 가능성이 높다.

네 번째는 매매 빈도다. 성과가 나빠질수록 매매 횟수가 늘어나는 경우가 많다. 수익을 만회하려는 마음이 매매를 잦게 만들고, 그 결과 계좌는 더 빈약해진다. 매매가 많아졌는지 확인하는 것만으로도 현재 계좌의 상태를 어느 정도 알 수 있다.

다섯 번째로 살펴봐야 할 것은 시장 환경의 변화다. 내가 사용하던 전략이 상승장에 맞는 방식이었는지, 변동성이 커진 환경에서도 여전히 유효한지 점검해야 한다. 전략이 틀린 것이 아니라, 환경이 바뀌었을 수도 있다. 이 구분이 되지 않으면, 잘 작동하던 전략을 너무 빨리 버리거나, 이미 맞지 않는 전략을 계속 붙잡게 된다.

마지막으로 반드시 확인해야 할 것은 기록이다. 매매 기록이 없다면, 성과가 나빠진 이유를 정확히 찾기 어렵다. 기억에 의존하면 성공했던 사례는 크게 남고, 실패했던 판단은 흐려진다. 성과가 나쁠수록 기록을 통해 하나씩 되짚어 보는 과정이 필요하다.

결국 투자 성과가 나빠졌을 때 가장 먼저 점검해야 할 것은 종목이 아니라, 판단의 기준과 행동의 일치 여부다. 왜 샀는지, 어떤 기준으로 유지했는지, 언제 구조가 바뀌었다고 판단했는지를 다시 확인하는 것만으로도 성과 부진의 원인은 상당 부분 드러난다. 이 점검이 먼저 이루어질 때, 다음 선택은 이전보다 훨씬 단단해진다.

내 주식 포트폴리오는 얼마나 자주 점검해야 하는가?

포트폴리오 점검은 수익을 더 내기 위한 행동이 아니라, 위험이 커지고 있는 신호를 조기에 발견해 계좌를 지키기 위한 필수 관리 과정이다. 이 균형이 유지될 때, 수익도 분명 좋아질 것이다.

많은 투자자는 포트폴리오 점검을 종목을 바꾸기 위한 작업으로 생각한다. 그러나 실제로 점검의 목적은 교체가 아니라 확인이다. 무엇을 더 살지보다, 지금 들고 있는 구조가 여전히 괜찮은지를 살피는 과정이 먼저다. 점검은 미래를 예측하기 위한 시간이 아니라, 현재의 위험을 정리하는 시간에 가깝다.

가장 먼저 정해야 할 것은 점검의 주기다. 매일 들여다보는 것은 점검이 아니라 감시가 되기 쉽다. 가격 변화에 반응하다 보면 구조를 보지 못한다. 반대로 너무 오래 보지 않으면, 계좌 안에서 위험이 조용히 커지고 있어도 알아채기 어렵다. 현실적으로 가장 안정적인 주기는 한 달에서 분기 단위다. 이 정도 간격이 있어야 시장의 소음과 구조적 변화를 구분할 수 있다.

점검할 때 가장 먼저 봐야 할 것은 종목 수가 아니라 비중의 변화다. 처음에 의도했던 비중과 지금의 비중이 얼마나 달라졌는지를 비교해야 한다. 수익이 난 종목이 자연스럽게 계좌의 중심이 되었는지, 특정 종목이 계좌 전체를 좌우하는 구조가 되었는지를 확인하는 것이 핵심이다. 의도하지 않은 쏠림은 가장 흔하면서도 가장 위험한 변화다.

두 번째로 살펴볼 것은 자산 간 비율이다. 주식, 현금, 다른 자산이 처음에 생각했던 구조와 얼마나 달라졌는지를 점검해야 한다. 시장이 움직이면서 의도하지 않게 위험 자산의 비중이 커졌을 가능성도 있다. 이 변화는 수익률보다 훨씬 중요한 신호다.

세 번째는 종목 자체의 변화다. 회사의 사업 구조나 경쟁 환경, 실적 흐름에 의미 있는 변화가 있었는지를 확인한다. 단순한 뉴스가 아니라, 처음에 세웠던 가성이 유지되고 있는지를 보는 것이 중요하다. 특히 경쟁 환경이 달라졌는지, 시장의 성장 속도가 변했는지도 함께 살펴봐야 한다.

네 번째는 매매 습관이다. 최근 한 달이나 한 분기 동안 매매 횟수가 늘었는지, 계획에 없던 매매가 많았는지를 확인해야 한다. 포트폴리오 점검은 계좌뿐 아니라, 나의 행동을 점검하는 시간이기도 하다. 매매가 늘었다면, 전략이 흔들리고 있다는 신호일 가능성이 크다.

마지막으로 점검의 결과는 단순해야 한다. 비중이 과도하게 커졌는지, 위험이 한쪽으로 쏠렸는지, 전략이 지금 환경과 맞지 않는지 정도만 정리해도 충분하다. 모든 점검이 매매로 이어질 필요는 없다. 오히려 아무것도 하지 않는 결정이 가장 중요한 결과가 되는 경우도 많다.

결국 포트폴리오를 점검하는 가장 좋은 주기는, 계좌의 구조가 투자 의도에서 얼마나 벗어났는지를 확인할 수 있을 만큼 자주이면서도, 감정이 개입하지 않을 만큼 멀리 두는 것이다.

신용과 미수 거래는
왜 계좌를 한 번에 망가뜨리는가?

신용과 미수 거래는 수익을 키워 주기보다, 계좌를 스스로 통제할 수 없게 만든다. 모든 투자에는 언제든지 판단이 틀릴 수 있는 가능성이 있다. 빌린 돈이 들어온 순간, 그 가능성은 곧바로 생존의 문제가 된다.

신용 거래와 미수 거래를 처음 접하면, 같은 돈으로 더 많은 주식을 살 수 있다는 점이 가장 먼저 눈에 들어온다. 수익이 나면 결과도 더 커질 것처럼 보인다. 그러나 실제로 계좌를 무너뜨리는 원인은 수익의 크기가 아니라, 손실이 발생했을 때 선택할 수 있는 여지가 거의 없어진다는 데 있다.

가장 큰 문제는 손실이 확대되는 속도다. 현금으로 투자할 때와 달리, 신용과 미수는 가격이 조금만 불리하게 움직여도 계좌의 변동폭이 훨씬 커진다. 같은 판단 실수라도, 빌린 돈이 섞여 있는 계좌에서는 손실이 빠르게 커진다. 손실이 커질수록 투자자는 더 빨리 결정을 내려야 하는 상황에 놓인다.

두 번째 문제는 강제 청산이다. 신용과 미수 거래는 일정 수준 아래로 내려가면, 본인의 의지와 관계없이 주식이 팔린다. 가격이 가장 불안정하고, 변동성이 커진 순간에 매도가 발생하는 구조다. 이때의 매도는 전략에 따른 판단이 아니라, 시스템에 의한 정리다. 투자자가 개입할 수 있는 여지는 거의 없다.

세 번째 문제는 판단 기준이 흐려진다는 점이다. 원래라면 기업의 변화, 실적 흐름, 시장 환경을 보고 차분히 판단해야 한다. 그러나 신용과 미수가 들어오면 기준은 자연스럽게 가격과 증거금 수준으로 바뀐다. 주가가 아니라 계좌 잔고와 유지 비율이 가장 중요한 숫자가 된다.

네 번째 문제는 회복이 매우 어려워진다는 점이다. 큰 손실을 입은 계좌는 원래의 금액으로 돌아가기 위해 훨씬 더 높은 수익률을 필요로 한다. 여기에 이자 비용과 거래 비용까지 더해지면, 회복의 출발선은 더 멀어진다. 손실을 만회하려는 조급함은 다시 과한 거래로 이어지기 쉽다.

다섯 번째는 심리적 압박이다. 신용과 미수 거래를 사용하면, 하루의 등락이 생활의 불안으로 바로 연결되기 쉽다. 가격이 조금만 흔들려도 계좌를 계속 확인하게 되고, 매매 빈도는 자연스럽게 늘어난다. 계획에 따라 움직이기보다, 불안을 줄이기 위한 매매가 많아진다.

워런 버핏은 투자에서 가장 중요한 것은 살아남는 것이라고 말했다. 이 말은 높은 수익보다 먼저 계좌가 시장에 남아 있어야 한다는 뜻이다. 신용과 미수 거래는, 이 가장 기본적인 조건을 흔들어 놓는다. 한 번의 큰 변동이 투자 인생 자체를 멈추게 만들 수 있기 때문이다.

결국 신용과 미수 거래가 계좌를 망가뜨리는 이유는, 틀릴 수 있는 투자라는 전제를 지워 버리기 때문이다. 모든 투자에는 언제든지 판단이 틀릴 수 있는 가능성이 있다. 그러나 빌린 돈이 들어온 순간, 그 가능성은 곧바로 생존의 문제가 된다.

계좌를 오래 운영하려면, 수익을 키우는 방법보다 먼저 손실을 통제할 수 있어야 한다. 신용과 미수 거래를 쓰지 않는 선택은 소극적인 결정이 아니다. 계좌를 스스로 관리할 수 있는 상태를 지키기 위한 가장 현실적인 조건이다.

차트는 미래를 예언하는 도구가 아니라 현재 상태를 확인하는 도구다. 가격은 결과이고 거래량은 참여의 강도를 보여준다. 지지와 저항은 반복된 매매 구간을 통해 심리를 드러낸다. 이동평균선은 추세의 방향을 단순하게 보여준다. 보조지표는 과열과 둔화를 점검하는 참고 자료에 가깝다. 이 장은 복잡한 해석보다 실수를 줄이는 최소한의 차트 사용법을 다룬다.

8장

차트,
주식투자에
200% 활용하는 법

차트로 기회를 증대시킬 수 있다

주식에 투자할 때 차트는 꼭 봐야 하는가?

차트는 주가를 맞히기 위한 도구가 아니라, 지금 이 주식이 어떤 상태에 놓여 있는지를 확인하기 위한 보조 도구다. 차트는 투자 판단의 근거가 아니라, 시장의 상태를 보여 주는 도구다.

주식을 시작하면 많은 사람이 차트를 보면 오를지 내릴지를 알 수 있을 것이라고 생각한다. 그러나 차트는 미래를 보여 주지 않는다. 이미 시장에서 일어난 매수와 매도의 결과를 그림으로 정리해 놓은 기록이다. 그래서 차트를 볼 때 방향을 예측하려 하지 말고 지금의 위치를 확인해야 한다. 차트는 답을 주는 화면이 아니라, 점검을 위한 화면에 가깝다.

차트가 필요한 이유는 내가 분석한 회사에 대해 시장이 실제로 어떤 반응을 하고 있는지를 확인하기 위해서다. 회사의 실적과 구조가 좋아지고 있다고 판단했는데도 주가가 오랫동안 힘없이 움직이고 있다면 그 이유를 다시 점검해야 한다. 이때 차트는 잘못을 찾아내기 위한 도구가 아니라, 판단을 다시 확인하기 위한 출발점이 된다.

반대로 회사에 특별한 변화가 없는데도 가격과 거래량이 갑자기 크게 늘고 있다면, 시장에서 기대가 빠르게 쌓이고 있다는 신호일 수 있다. 차트는 기업의 변화를 직접 보여주지는 않지만, 시장이 그 변화를 어떻게 받아들이고 있는지 보여준다. 기대가 먼저 움직이는 구간인지, 실적이 따라오는 구간인지를 구분하는 데도 도움이 된다.

차트는 매수와 매도 타이밍을 맞히는 기술이 아니라, 지금 내가 어느 위치에서 판단을 내리려 하는지를 알려주는 지도에 가깝다. 현재 가격이 최근 흐름의 위쪽에 있는지, 아래쪽에 있는지, 사람들이 적극적으로 참여하고 있는 구간인지, 아니면 관망하는 구간인지를 확인하게 해준다.

차트를 전혀 보지 않고도 투자할 수 있지만, 차트를 보지 않으면 내가 비싼 구간에서 들어가고 있는지, 이미 기대가 과하게 반영된 구간인지조차 알기 어렵다. 많은 투자자가 차트로 실패하는 이유는 차트를 보기 때문이 아니라, 차트만 보고 결정하기 때문이다. 차트가 기준이 되는 순간, 판단의 중심은 기업에서 가격으로 옮겨 간다.

기업을 보지 않고 선과 모양만 보고 매수하면 그것은 투자라기보다 추측에 가깝다. 반대로 기업만 보고 차트를 완전히 무시해도, 시장에 이미 어떤 기대가 반영되어 있는지, 사람들이 지금 이 가격에서 어떻게 행동하고 있는지를 놓치게 된다. 두 극단 모두 판단의 균형을 무너뜨린다.

가장 현실적인 사용 순서는 다음과 같다. 먼저 회사와 사업 구조를 보고 판단하고, 그 다음 차트로 시장의 반응과 현재 위치를 확인하는 것이다. 차트를 볼 때 가장 중요한 질문은 하나다. 지금 이 가격에서 사람들이 계속 사고 있는가, 아니면 점점 빠져나가고 있는가다.

차트는 예측을 위한 도구가 아니라, 내 판단이 시장과 얼마나 어긋나 있는지를 확인하는 점검표다. 맞히기 위해 차트를 보면 실수가 늘어나고, 확인하기 위해 차트를 보면 판단할 때 갈등이 줄어든다. 그래서 차트는 제대로 쓰면 판단의 실수를 줄여 주는 유용한 보조 도구다.

주가 차트에서 거래량은 무엇을 말해주는가?

거래량은 특정 가격대에 얼마나 많은 투자자가 실제로 참여했는지를 보여 주는 기록이며, 그 움직임에 담긴 시장의 확신과 감정의 크기를 확인하게 해주는 지표다.

거래량은 가격이 어디로 갈지를 알려주지 않는다. 대신 그 가격이 얼마나 많은 사람의 선택으로 만들어졌는지를 보여준다. 가격만 보면 오르내림만 보이지만, 거래량을 함께 보면 그 움직임에 얼마나 많은 참여자가 동의했는지를 확인할 수 있다. 거래량은 시장의 관심과 확신이 어느 정도 쌓였는지를 드러내는 숫자다.

많은 초보 투자자는 거래량이 많으면 좋은 신호라고 생각한다. 그러나 중요한 것은 거래량의 크기가 아니라 위치다. 같은 거래량이라도 하락이 이어지는 구간에서 늘어난 거래량과, 조정을 마치고 반등하는 구간에서 늘어난 거래량은 의미가 전혀 다르다. 언제, 어떤 흐름 속에서 거래량이 늘었는지가 핵심이다.

제시 리버모어는 시장의 진짜 변화는 숫자가 아니라 참여자의 행동에서 먼저 드러난다고 설명했다. 하워드 막스는 가격보다 시장의 심리와 쏠림을 먼저 보아야 한다고 강조했다. 이 말들은 모두 거래량이 시장 심리를 확인하는 중요한 단서라는 점을 가리킨다.

거래량이 가장 의미를 가지는 순간은 가격이 중요한 구간에 도달했을 때다. 오랫동안 넘지 못하던 가격대를 돌파할 때 거래량이 함께 늘어난다면, 그 가격에 대해 많은 참여자가 동의하고 있다는 뜻이다. 반대로 가격은 소폭 오르는데 거래량이 줄어든다면, 그 움직임에 실제로 참여하는 사람은 많지 않다는 의미다.

하락 구간에서도 거래량은 중요한 정보를 준다. 주가가 계속 빠지는데 거래량이 점점 줄어들면, 팔고 싶어 하는 사람은 이미 상당 부분 빠져나갔을 가능성이 있다. 반대로 주가가 크게 밀리면서 거래량이 갑자기 폭증한다면, 공포 매도가 한꺼번에 쏟아지고 있는 상황일 수 있다. 이때의 거래량은 방향보다 시장의 감정이 얼마나 커졌는지를 보여준다.

거래량은 가격을 설명해주지 않는다. 대신 가격이 만들어지는 과정을 보여준다. 같은 상승이라도 거래량이 거의 없이 오르는 경우와, 거래량이 크게 늘며 오르는 경우는 이후 흐름이 달라질 가능성이 높다. 전자는 일부 참여자만 움직이고 있을 수 있고, 후자는 많은 참여자가 동시에 반응하고 있다는 뜻이기 때문이다.

많은 투자자가 저지르는 실수는 거래량이 급증한 날만 보고 뒤늦게 따라 들어가는 것이다. 거래량이 늘어났다는 사실은, 이미 많은 사람이 행동을 마쳤다는 뜻이기도 하다. 거래량은 기회를 알려주기보다, 시장이 이미 움직였다는 사실을 확인해주는 도구라고 할 수 있다.

그래서 거래량을 볼 때 가장 중요한 질문은 하나다. 이 가격대에서 사람들이 새롭게 들어오고 있는가, 아니면 이미 움직임이 마무리되고 있는가다. 거래량은 매수와 매도의 신호가 아니라, 시장 참여가 얼마나 집중되어 있는지를 보여 주는 점검표다. 가격과 함께 거래량을 바라볼 때, 차트는 단순한 그림이 아니라 시장의 행동 기록으로 보이기 시작한다.

주가 차트에서 지지선과 저항선은 어떻게 사용하나?

지지선과 저항선은 가격을 맞히기 위한 선이 아니라, 사람들이 반복해서 사고팔았던 구간을 표시해주는 기준이며, 매수와 매도의 위치를 무리하지 않게 잡아 위험을 관리하도록 돕는 실전용 기준선이다.

지지선과 저항선은 차트에서 가장 많이 그려지지만, 동시에 가장 많이 오해받는 개념이다. 많은 투자자가 선을 그어 놓고, 그 선에 주가가 오면 주가가 반대로 움직일 것처럼 생각한다. 그러나 지지선과 저항선은 가격을 멈추게 만드는 힘이 아니라, 사람들이 반복해서 선택해 왔던 흔적이 모여 만들어진 구간이다. 그래서 이 선은 예측의 도구라기보다, 과거의 행동이 남긴 지도에 가깝다.

지지선은 주가가 내려올 때 매수가 반복적으로 나왔던 가격대이고, 저항선은 주가가 올라갈 때 매도가 반복적으로 나왔던 가격대다. 즉 선 자체가 중요한 것이 아니라, 그 가격대에서 사람들이 어떤 행동을 했는지가 중요하다. 지지선과 저항선은 과거의 선택이 쌓여 만들어진 기억이라고 볼 수 있다.

제시 리버모어는 가격이 멈추거나 되돌아서는 구간에는 항상 반복된 행동의 패턴이 숨어 있다고 설명했다. 하워드 막스 역시 투자에서 중요한 것은 숫자가 아니라 사람들의 심리라고 강조했다. 지지선과 저항선은 바로 이 심리가 반복된 자리를 눈으로 확인하게 해주는 도구다.

지지선이 실전에서 의미를 가지는 순간은, 주가가 내려와 그 구간에서 다시 매수가 유입되는지 여부다. 과거에 지지 역할을 했던 가격대에 도달했는데도 거래량 없이 쉽게 무너진다면, 그 지지선은 이미 힘을 잃은 상태일 가능성이 높다. 반대로 같은 구간에서 매수와 거래량이 함께 살아난다면, 그 가격대는 여전히 시장에서 의미 있는 기준으로 작동하고 있다고 볼 수 있다.

저항선도 같은 방식으로 해석할 수 있다. 과거에 여러 번 막혔던 가격대에 다시 도달했을 때 매도 물량이 계속 쏟아진다면 저항은 유지되고 있는 것이다. 그러나 거래량이 함께 늘어나며 그 가격대를 넘어선다면, 시장 참여자들의 인식이 바뀌고 있다는 신호가 된다. 저항선은 깨지는 순간 자체보다, 깨질 때 나타나는 반응이 훨씬 중요하다.

지지선과 저항선을 가장 실용적으로 쓰는 방법은 매수와 매도의 위치를 잡는 데 활용하는 것이다. 이미 저항선 바로 아래까지 올라온 구간에서 새로 매수하는 것은, 위쪽에 매도 물량이 많은 자리에서 들어가는 선택이 된다. 반대로 지지선 근처에서 기업의 구조와 실적에 대한 판단이 유지되고 있다면, 상대적으로 불리하지 않은 위치에서 매수할 수 있다.

초보 투자자가 가장 많이 하는 실수는 선 하나만 그어 놓고, 모든 판단을 맡기는 것이다. 지지선과 저항선은 정확한 가격이 아니라 구간이다. 몇 원, 몇 퍼센트 차이로 살짝 벗어났다고 해서 의미가 바로 사라지는 것은 아니다. 중요한 것은 그 구간에서 매수와 매도의 힘이 실제로 어떻게 바뀌고 있는지다.

어디에서 들어가면 위쪽이 막혀 있는지, 어디에서 들어가면 아래쪽의 위험이 상대적으로 작은지를 판단하게 해준다. 사람들이 반복해서 선택했던 자리인 저항선과 지지선에서, 지금도 같은 선택이 나오고 있는지를 확인하는 것이 지지선과 저항선을 가장 현실적으로 사용하는 방법이다.

주가 차트에서 이동평균선은 무엇을 의미하는가?

이동평균선은 미래를 예측해주지 않는다. 이동평균선은 일정 기간 동안 시장이 형성해 온 평균적인 가격 흐름을 통해 지금 추세가 어느 쪽에 있는지를 확인하게 해주는 기준선이다.

　이동평균선은 차트에서 가장 흔하게 보이는 선이다. 많은 투자자가 이 선이 위에 있으면 좋고, 아래에 있으면 나쁘다고 단순하게 생각한다. 하지만 이동평균선의 핵심은 위와 아래가 아니라, 시장의 평균적인 선택이 어느 방향으로 움직이고 있는지를 보여준다는 점이다. 이동평균선은 가격의 중심이 이동하는 방향을 나타낸다.

　이동평균선은 특정 하루의 가격이 아니라, 일정 기간 동안의 가격을 평균 낸 값이다. 그래서 하루 이틀의 급등이나 급락에는 쉽게 흔들리지 않는다. 이 특징 때문에 이동평균선은 단기 뉴스나 감정에 의해 만들어진 움직임보다, 시장 전체의 흐름을 확인하는 데 더 적합하다.

제시 리버모어는 중요한 것은 하루의 움직임이 아니라, 시장 이 어느 방향으로 계속 움직이고 있는지를 아는 것이라고 설명 했다. 이동평균선은 바로 이 흐름을 눈으로 확인하게 해주는 도구다.

이동평균선을 볼 때 가장 먼저 확인해야 할 것은 기울기다. 선이 위로 완만하게 올라가고 있다면, 최근 일정 기간 동안 가 격의 평균이 계속 높아지고 있다는 뜻이다. 이는 시장 참여자 들이 점점 더 높은 가격에도 거래하고 있다는 의미다. 반대로 이동평균선이 내려가고 있다면, 평균 가격이 낮아지고 있다는 뜻이며, 시장의 중심이 아래로 이동하고 있다는 신호다.

가격이 이동평균선 위에 있다고 해서 곧바로 좋은 종목이라 고 말할 수는 없다. 중요한 것은 가격이 이동평균선을 기준으 로 어느 쪽에 머무르고 있는지다. 오랫동안 이동평균선 위에서 움직이다가 그 아래로 내려온다면, 시장의 인식이 바뀌고 있을 가능성을 점검해야 한다. 반대로 이동평균선 아래에서 오래 움 직이던 가격이 그 위로 올라와 안착한다면, 흐름이 달라지고 있는 신호로 해석할 수 있다.

많은 초보 투자자가 저지르는 실수는 이동평균선을 매매 신호로만 사용하는 것이다. 선을 살짝 넘으면 사고, 다시 내려오면 파는 방식이다. 그러나 이동평균선은 매수 버튼을 누르기 위한 장치가 아니라, 지금 시장의 방향이 어디로 향하고 있는지를 확인하는 기준선이다.

이동평균선은 특히 내가 기업을 보고 내린 판단이 시장에서도 받아들여지고 있는지를 점검하는 데 도움이 된다. 회사의 구조와 실적이 좋아지고 있다고 판단했는데, 이동평균선이 계속 하락하고 있다면 그 판단이 너무 앞서가고 있는 것은 아닌지 다시 살펴볼 필요가 있다.

이동평균선은 미래를 예측해주지 않는다. 대신 지금까지 시장이 만들어 온 평균적인 선택의 방향을 보여준다. 이동평균선을 가장 현실적으로 사용하는 방법은 단순하다. 이 종목의 현재 흐름이 상승 추세에 있는지, 하락 추세에 있는지를 먼저 확인하고, 그 흐름에 맞는 판단을 하고 있는지를 점검하는 것이다. 이동평균선은 내 판단이 시장의 흐름과 크게 어긋나지 않는지를 확인해주는 안전장치다.

주식투자에서 보조지표는 실제로 도움이 되는가?

보조지표는 매수와 매도의 답을 알려주는 도구가 아니라, 지금 시장의 속도와 과열 정도를 점검해주는 참고 자료에 가깝다. 보조지표의 가장 큰 특징은 가격보다 항상 늦게 움직인다는 점이다.

보조지표를 처음 접하면 차트가 갑자기 과학처럼 느껴진다. 숫자가 나오고 선이 겹쳐지고, 매수와 매도 구간이 표시되는 것처럼 보이기 때문이다. 그래서 많은 초보 투자자는 보조지표만 잘 쓰면 매매가 쉬워질 것이라고 생각한다. 하지만 보조지표는 방향을 만들어주지 않는다. 이미 만들어진 가격 움직임을 계산해서 다시 보여 줄 뿐이다.

보조지표의 가장 큰 특징은 가격보다 항상 늦게 움직인다는 점이다. 보조지표는 가격과 거래량을 바탕으로 계산되기 때문에, 가격 변화가 먼저 나타나고, 그 다음에 지표가 반응한다. 그래서 보조지표를 매수 신호나 매도 신호로 그대로 사용하면, 이미 상당 부분 주가가 움직인 뒤에 판단하게 되는 경우가 많다.

제시 리버모어는 중요한 것은 지표가 아니라 시장이 실제로 어떻게 움직이고 있는지를 보는 것이라고 강조했다. 이 말은 보조지표가 주인공이 되어서는 안 된다는 점을 분명히 보여준다.

그렇다면 보조지표는 언제 도움이 되는가. 보조지표는 가격의 방향이 아니라, 현재 움직임이 얼마나 빠르고 과열되어 있는지를 점검할 때 유용하다. 단기간에 급등했을 때 과열 구간에 들어와 있는지, 하락이 오래 이어진 뒤 과도한 공포 구간에 들어와 있는지를 확인하는 데 도움이 된다.

특히 같은 방향의 움직임이 계속되고 있을 때 보조지표는 속도를 보여준다. 주가는 계속 오르고 있는데 보조지표가 점점 힘을 잃고 있다면, 상승의 힘이 약해지고 있을 가능성을 점검할 수 있다. 반대로 주가는 아직 크게 움직이지 않았지만 보조지표가 먼저 살아난다면, 단기적인 반등 시도가 나오고 있다는 신호로 해석할 수 있다.

그러나 가장 위험한 사용법은 보조지표 하나로 매매를 결정하는 것이다. 지표가 과매수라고 해서 반드시 하락하는 것도 아니고, 과매도라고 해서 반드시 반등하는 것도 아니다. 강한 추세가 이어질 때는 과매수 상태가 오래 지속되기도 하고, 과매도 상태가 더 깊어지기도 한다. 보조지표는 경고등일 뿐, 브레이크가 아니다.

보조지표는 특히 기업 분석과 함께 사용할 때 의미가 생긴다. 구조와 실적에 대한 판단이 유지되고 있는데 단기적으로 주가가 과하게 밀렸는지, 반대로 구조 변화가 뚜렷하지 않은데 가격만 과하게 앞서가고 있는지를 점검하는 데 활용할 수 있다.

초보 투자자가 가장 많이 하는 실수는 지표를 많이 쓸수록 정확해질 것이라고 믿는 것이다. 여러 지표가 동시에 매수 신호를 주면 확신이 커지지만, 실제로는 같은 가격 데이터를 서로 다른 방식으로 다시 계산하고 있을 뿐이다. 지표가 많아질수록 판단이 정교해지는 것이 아니라, 오히려 기준이 흐려질수 있다.

보조지표는 답을 주는 도구가 아니라, 질문을 만들어주는 도구다. 지금 이 움직임이 너무 빠르지는 않은가, 지나치게 쏠려 있지는 않은가를 점검해주는 장치다. 보조지표를 쓰지 않아도 투자에는 큰 문제가 없다.

주가 차트에서 추세가 깨졌다는 말은 무엇을 뜻하는가?

추세는 예측의 대상이 아니라 관찰의 결과다. 추세가 깨졌다는 말은 주가가 잠깐 흔들렸다는 뜻이 아니라, 시장이 그 종목을 바라보는 기준이 바뀌기 시작했다는 신호다.

많은 투자자는 주가가 하루 크게 빠지거나 이동평균선을 한 번 밑돌면 추세가 깨졌다고 말한다. 그러나 실제 시장에서 말하는 추세의 붕괴는 단순한 하루의 등락을 의미하지 않는다. 중요한 것은 가격이 아니라, 사람들이 그 종목을 사고파는 방식이 달라지고 있는지 여부다.

상승 추세란 가격이 계속 오르는 상태가 아니라, 조정이 나와도 이전보다 높은 가격대에서 다시 매수가 들어오는 흐름이다. 다시 말해 고점과 저점이 함께 높아지는 구조가 유지되고 있을 때를 말한다. 이 구조가 유지되는 한, 중간의 흔들림은 추세 안에 있는 변동으로 보는 것이 더 정확하다.

추세가 깨지는 순간은 이 구조가 무너질 때다. 이전 조정 구간보다 더 깊이 내려오고, 반등이 나와도 이전 고점을 회복하지 못하며, 매수가 들어오던 가격대에서 더 이상 지지가 나타나지 않을 때다. 이때부터 시장은 이 종목을 이전과 다른 눈으로 보기 시작한 것이다.

하워드 막스는 가장 위험한 구간은 환경이 바뀌고 있는데도 사람들이 이전과 같은 판단을 유지하는 순간이라고 설명했다. 제시 리버모어는 가격의 패턴이 바뀌는 지점이 바로 시장의 생각이 바뀌는 지점이라고 말했다. 추세 붕괴는 이 두 가지가 동시에 나타나는 구간이다.

그래서 추세가 깨졌는지를 볼 때 먼저 확인해야 할 것은 가격이 아니라 행동이다. 이전에는 조정이 오면 매수가 빠르게 들어왔는가, 그런데 지금은 반등이 나와도 매수하는 힘이 약해지고 있는가를 살펴야 한다. 거래량이 줄어든 반등, 고점 부근에서 반복되는 매도는 시장의 태도가 달라지고 있음을 보여준다.

특히 중요한 신호는 지지선 근처에서의 반응이다. 그동안 여러 번 버텨 주던 가격대가 거래량과 함께 무너진다면, 단기 흔들림이 아니라 추세 변화 가능성을 점검해야 한다. 반대로 일시적으로 지지선을 살짝 이탈했지만, 곧바로 다시 회복하며 매수가 살아난다면 추세는 아직 유지되고 있다고 볼 수 있다.

초보 투자자가 가장 많이 하는 실수는 하락 그 자체를 추세 붕괴로 해석하는 것이다. 상승 추세에서도 하락은 항상 나타난다. 중요한 것은 하락 이후의 반응이다. 이전과 같은 방식으로 회복이 이루어지는지, 아니면 회복 자체가 점점 어려워지고 있는지를 보는 것이 핵심이다.

추세 붕괴는 차트에서만 결정되지 않는다. 동시에 기업의 실적, 산업 환경, 경쟁 구조에 변화가 나타나고 있는지도 함께 점검해야 한다. 구조 변화가 보이는데 차트의 흐름도 약해지고 있다면, 그 신호의 신뢰도는 훨씬 높아진다.

추세가 깨졌다는 말의 진짜 의미는 이 종목을 계속 보유해야 할 이유를 다시 검토해야 할 시점이 왔다는 뜻이다. 곧바로 팔아야 한다는 의미가 아니라, 이전의 판단이 아직도 유효한지를 처음부터 다시 점검해야 한다는 신호다.

주식시장에서 변동성이 커질 때 차트는 어떻게 해석해야 하는가?

변동성이 커졌다는 것은 방향이 보인다는 뜻이 아니라, 의견이 갈리고 감정이 커졌다는 뜻이다. 변동성은 기회가 커졌다는 신호이기도 하지만, 동시에 실수가 커질 수 있는 환경이 만들어졌다는 의미이기도 하다.

변동성은 하루의 등락이 커졌다는 뜻만은 아니다. 짧은 시간 안에 위아래로 크게 흔들리며, 매수와 매도가 서로 밀어내는 힘이 동시에 커졌다는 의미다. 이 구간에서는 차트가 방향을 알려주기보다, 시장이 얼마나 불안하고 예민해졌는지를 보여 준다. 그래서 변동성이 커질수록 예측보다 점검이 먼저다. 평소와 같은 방식으로 판단하면, 작은 판단 차이가 큰 손익 차이로 이어지기 쉽다.

하워드 막스는 위험은 변동성 자체가 아니라 변동성을 대하는 태도에서 커진다고 설명했다. 제시 리버모어는 큰 변동성 구간에서는 방향보다 반응을 관찰해야 한다고 강조했다. 두 사람의 말은 공통적으로, 흔들림이 커질수록 차트를 단순하게 보고 기준을 줄여야 한다는 점을 말해준다.

변동성이 커질 때 먼저 확인해야 할 것은 가격이 얼마나 멀리 움직였는가가 아니라, 어디에서 멈추는가다. 급등 뒤에 어디에서 매도가 나오는지, 급락 뒤에 어디에서 매수가 살아나는지를 봐야 한다. 고점과 저점의 숫자보다, 그 구간에서 실제 반응이 나오는지가 핵심이다. 이 반응이 반복되는 위치가 바로 시장이 인정하는 기준선이다.

이때 차트에서 가장 도움이 되는 기준은 지지선과 저항선이다. 큰 변동이 나와도 이전에 사람들이 반복해서 선택했던 구간에서 다시 반응이 나타난다면, 시장의 기준은 아직 유지되고 있다고 볼 수 있다. 반대로 변동성이 커진 상태에서 주요 지지 구간이 거래량과 함께 쉽게 무너진다면, 불안이 일시적인 수준을 넘어 구조적으로 커지고 있다는 신호로 해석해야 한다.

변동성 구간에서는 캔들의 모양이나 하부의 등락폭보다, 다음 날의 반응이 더 중요하다. 급락 다음 날 반등이 매우 약하거나, 급등 다음 날 매도가 바로 쏟아진다면, 시장은 아직 방향에 대해 합의하지 못하고 있다는 뜻이다. 이때 무리하게 방향을 맞히려 하면, 대부분 가격에 끌려다니는 매매로 이어진다. 특히 연속된 큰 캔들이 나올 때는 더 신중해야 한다.

많은 투자자가 변동성이 커질수록 더 많은 지표를 추가한다. 그러나 이 구간에서는 지표보다 구조가 더 중요하다. 기업의 실적과 산업 환경에 변화가 없는 상태에서 변동성만 커졌다면, 차트는 공포와 기대가 충돌하고 있음을 보여 주는 것이다. 반대로 구조 변화가 함께 나타나고 있다면, 큰 변동은 방향 전환의 초기 신호일 가능성이 높다.

변동성이 큰 구간에서 가장 위험한 행동은 평소와 같은 비중과 방식으로 진입하는 것이다. 차트가 흔들릴수록, 진입 위치보다 먼저 비중과 손절 기준을 점검해야 한다. 변동성이 커졌다는 사실 자체가 이미 리스크가 커졌다는 뜻이기 때문이다. 그래서 이 구간에서 차트를 보는 가장 현실적인 방법은 단순하다. 방향을 맞히려 하지 말고, 지지와 저항에서의 반응을 확인하고, 다음 움직임이 이전과 다른지 차분히 관찰해야 한다.

변동성은 기회를 크게 만들기도 하지만, 동시에 판단 실수를 빠르게 키운다. 이 구간에서 차트의 역할은 예측이 아니라, 감정이 커진 시장에서 계좌를 지켜주는 안전장치다.

손절해야 할 때 차트를 사용하는 이유는 무엇인가?

차트는 미래를 예측해주지는 않지만, 내가 세운 판단이 시장에서 실제로 어떻게 받아들여지고 있는지를 가장 빠르게 확인하게 해주는 점검 도구다.

손절을 어려워하는 이유는 가격이 아니라 감정 때문이다. 조금만 더 기다리면 올라올 것 같고, 지금 팔면 내가 틀렸다는 사실을 인정하는 것 같기 때문이다. 그래서 많은 투자자는 손절 기준을 미리 정하지 않고, 차트를 보면서 그때그때 판단하려 한다. 그러나 이 방식은 대부분 손실을 키운 뒤에야 결정을 하게 만든다. 손절을 미루는 동안 판단은 흐려지고, 기준은 점점 느슨해진다.

차트로 손절을 가장 단순하게 잡는 방법은 하나다. 내가 이 종목을 매수할 때 기준으로 삼았던 지지 구간이 실제로 무너졌는지를 확인하는 것이다. 가격이 조금 빠졌는지는 중요하지 않다. 중요한 것은 사람들이 반복해서 매수하던 구간에서 더 이상 매수가 들어오지 않는지다. 그 지점이 바로 손절 기준의 출발점이 된다.

제시 리버모어는 시장이 내 생각과 다르게 움직이기 시작하면, 가장 먼저 지켜야 할 것은 의견이 아니라 내 돈이라고 말했다. 차트 손절은 이 원칙을 실제 매매에 옮기는 가장 현실적인 방법이다.

차트에서 손절 기준이 되는 자리는 보통 분명하다. 최근 여러 번 지지 역할을 했던 가격대, 거래량이 반복해서 유입되던 구간, 그리고 반등이 시작되었던 자리다. 이 구간이 거래량과 함께 무너지고, 이후 반등이 약하게 끝난다면, 그때는 단기 흔들림이 아니라 구조 변화 가능성을 점검해야 한다. 특히 이전보다 낮은 가격에서만 반등이 멈춘다면, 시장의 기준이 이미 내려왔다는 뜻일 수 있다.

많은 투자자가 이동평균선을 손절선으로 사용하지만, 선 하나만으로 결정하는 것은 충분하지 않다. 선을 살짝 이탈했다고 해서 곧바로 의미가 사라지는 것은 아니기 때문이다.

중요한 것은 이탈 이후의 반응이다. 다시 빠르게 회복되는지, 아니면 반등이 나와도 이전 지지 구간 아래에서 막히는지를 확인해야 한다. 반응이 달라졌다면, 손절을 늦출 이유는 줄어든다. 이때는 희망보다 데이터가 우선이다.

차트 손절의 가장 큰 장점은 기준이 명확해진다는 점이다. 몇 퍼센트 손실이라는 숫자 기준보다, 실제 투자자들의 시장 참여가 바뀌었는지를 기준으로 삼기 때문에 감정 개입이 줄어든다. 손절은 가격이 아니라, 사람들이 그 가격을 더 이상 지지하지 않는 순간에 실행되는 것이 가장 합리적이다.

손절 기준은 매수 후에 만드는 것이 아니라, 매수 전에 정해두어야 한다. 이 종목이 틀렸다고 판단하게 되는 위치가 어디인지를 미리 정해두는 것이 좋다.

차트에 속지 않기 위해 반드시 버려야 할 습관은 무엇인가?

차트에 속지 않기 위해 반드시 버려야 할 습관은 예측, 맞히기, 확신에 집착하는 태도다. 대신 투자 기준이 유지되는지를 점검하는 태도가 중요하다. 차트는 방향을 알려주지 않는다.

차트에 속지 않기 위해 가장 먼저 버려야 할 습관은, 차트를 미래를 맞히는 도구로 사용하는 태도다. 차트는 방향을 알려주는 지도가 아니라, 지금 시장이 어떻게 반응하고 있는지를 보여 주는 기록에 가깝다.

많은 투자자는 차트를 볼 때 먼저 답을 찾으려 한다. 오를 것인지, 내릴 것인지, 지금이 바닥인지, 꼭지인지부터 판단하려 한다. 그러나 이 질문 자체가 차트에 속기 쉬운 출발점이다. 차트는 결과를 예측해주지 않는다. 차트가 알려주는 것은 사람들이 실제로 어느 가격에서 사고팔고 있는지, 그리고 그 반응이 이전과 달라졌는지뿐이다.

차트에 속는 가장 흔한 습관은 선을 너무 많이 그리는 것이다. 이동평균선, 지표, 패턴을 계속 추가하다 보면 어떤 움직임이 나와도 맞는 해석을 만들 수 있다. 이때부터 차트는 기준이 아니라 변명이 된다. 중요한 것은 지표의 개수가 아니라, 내가 매수할 때 사용한 기준이 무엇이었는지다.

차트에 속지 않기 위해 반드시 버려야 할 또 하나의 습관은, 과거 차트 모양을 그대로 미래에 대입하는 것이다. 예전에 급등했던 자리, 반등이 나왔던 패턴이 다시 나타나면 같은 결과를 기대하게 된다.

그러나 중요한 것은 모양이 아니라 그때와 지금의 환경이 같은가다. 거래량, 시장 분위기, 종목에 대한 관심 수준이 달라졌다면 같은 패턴이라도 의미는 완전히 달라질 수 있다.

특히 급등 구간에서는 차트를 보는 목적이 쉽게 바뀐다. 위험을 확인하기 위해 보던 차트가, 진입 이유를 찾기 위한 도구로 바뀐다. 이때는 작은 양봉 하나에도 의미를 부여하고, 불리한 신호는 무시하게 된다. 차트에 속는 순간은 대개 이처럼 해석의 방향이 이미 정해진 뒤에 시작된다.

차트를 제대로 쓰기 위해 필요한 습관은 오히려 단순하다. 내가 매수할 때 세운 가정이 무엇이었는지, 그 가정이 무너졌다고 판단하게 되는 위치가 어디였는지를 먼저 적어두는 것이다. 그리고 차트를 볼 때는 오직 이 두 가지만 확인한다. 가격이 아니라 반응이 달라졌는지, 지지하던 구간에서 실제 매수가 살아 있는지다.

차트에 속지 않기 위해 반드시 버려야 할 습관은 예측, 맞히기, 확신에 집착하는 태도다. 대신 투자 기준이 유지되는지를 점검하는 태도가 중요하다. 차트는 방향을 알려주지 않는다. 그러나 잘못된 방향에 오래 머무르지 않게 도와주는 도구는 될 수 있다. 이 역할에 충실할 때, 차트는 실수를 키우는 화면이 아니라 투자 신념을 지켜주는 장치가 될 것이다.

투자에서 막히는 순간은 대개 용어가 정확히 이해되지 않을 때다. 단어가 흐리면 뉴스가 과장되어 보이고 판단은 흔들린다. 이 부록은 자주 쓰이는 핵심 용어 50개를 짧고 분명하게 정리했다. 뜻뿐 아니라 왜 중요한지도 함께 설명했다. 개념이 정리되면 숫자가 선명해지고 결정이 빨라진다. 이 부록의 목적은 지식을 늘리는 것이 아니라 판단을 단순하게 만드는 데 있다.

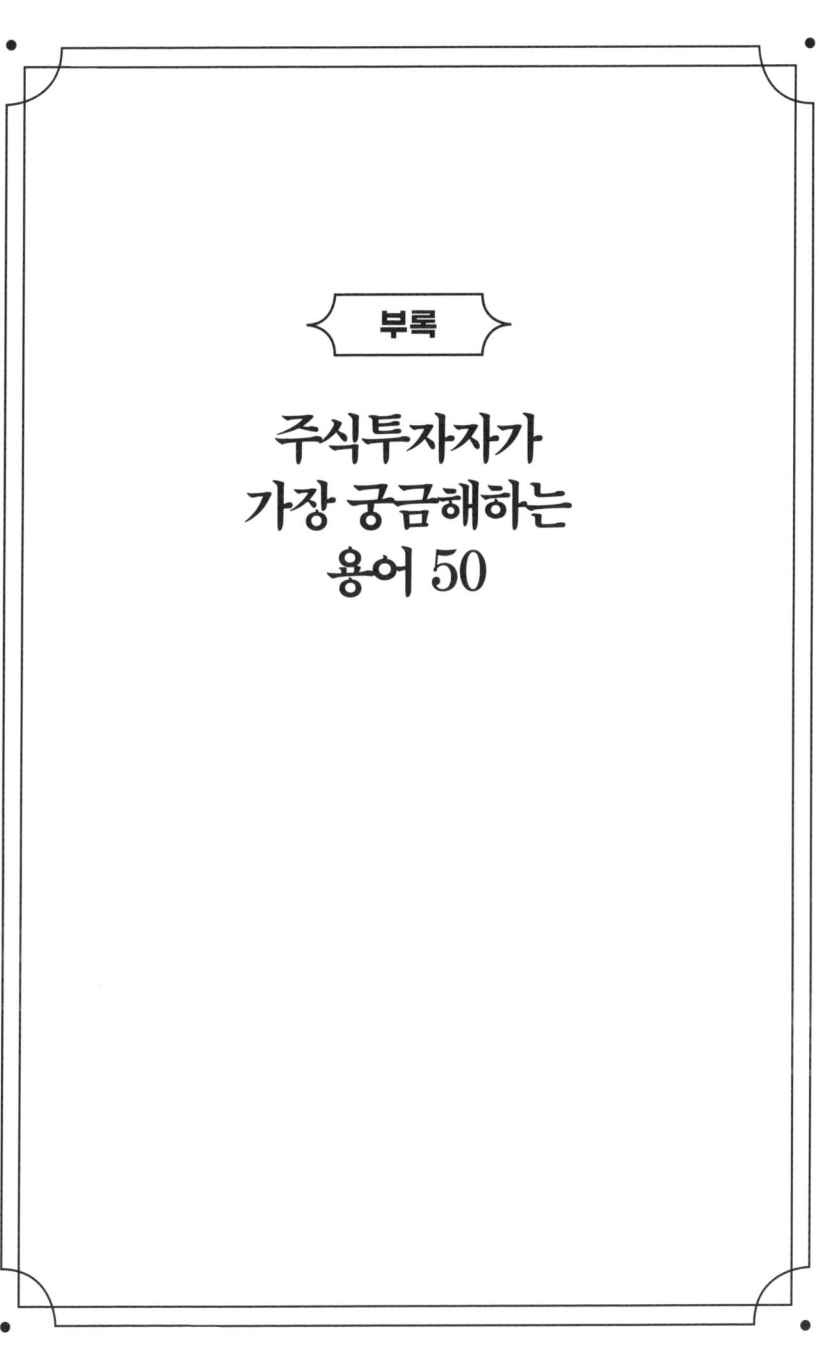

부록

주식투자자가
가장 궁금해하는
용어 50

1. 주식

주식은 회사의 일부를 나눠 가진 권리이다. 예를 들어 빵을 파는 회사 주식을 샀다면 그 가게의 장사가 잘되면 나도 함께 이익을 나누는 구조가 된다. 매출이 늘고 이익이 계속 늘어나면 주가는 시간이 지나며 따라오게 된다. 반대로 가게 손님이 줄고 경쟁 가게가 늘어나면 회사의 힘은 약해진다. 이때 주가는 뉴스보다 먼저 움직이는 경우가 많다. 많은 초보자는 가격이 오르는지만 보고 주식을 산다. 하지만 주식의 출발점은 가격이 아니라 회사의 장사 구조이다. 주식은 결국 회사의 사업에 돈을 맡기는 선택이다.

2. 거래소

거래소는 주식을 공식적으로 사고파는 시장이다. 우리나라에서는 코스피와 코스닥이 대표적인 거래소다. 예를 들어 삼성전자 주식을 사고 싶으면 개인에게 직접 사는 것이 아니라 거래소 시스템을 통해 거래된다. 모든 매수와 매도 주문은 이곳에 모여 가격이 정해진다. 그래서 누구나 같은 정보와 같은 규칙 아래에서 거래하게 된다. 거래소가 없으면 가격이 제각각 형성되고 신뢰하기 어렵다. 주식시장은 이 거래소가 만든 시간표와 규칙에 따라 움직인다. 투자자는 이 틀 안에서만 매매를 할 수 있다.

3. 호가

호가는 지금 이 가격에 사고 싶다는 주문과 이 가격에 팔고 싶다는 주문이다. 예를 들어 1만 원에 사고 싶다고 넣으면 매수 호가가 된다. 1만 100원에 팔겠다고 하면 매도 호가가 된다. 두 가격이 만나야 거래가 성사된다. 호가창을 보면 사람들이 어떤 가격을 원하고 있는지 바로 알 수 있다. 갑자기 매수 호가가 많이 쌓이면 관심이 몰리고 있다는 신호다. 반대로 매도 호가만 계속 늘어나면 팔고 싶은 사람이 많다는 뜻이다. 주가는 이 호가들의 경쟁으로 만들어진다.

4. 유동성

유동성은 주식을 얼마나 쉽게 사고팔 수 있는지를 말한다. 예를 들어 대형주는 언제든지 바로 팔 수 있는 경우가 많다. 반대로 하루 거래가 거의 없는 종목은 팔고 싶어도 사는 사람이 없다. 이럴 때는 가격을 크게 낮춰야 팔 수 있다. 실제로 급하게 현금이 필요할 때 큰 손실이 발생한다. 유동성이 좋은 종목은 사고파는 비용이 적다. 초보자가 작은 종목에서 손실을 크게 보는 이유 중 하나가 유동성 문제다. 유동성은 수익보다 먼저 확인해야 할 안전장치다.

5. 거래량

거래량은 일정 기간 동안 실제로 거래된 주식의 수이다. 예를 들어 평소 하루 10만 주가 거래되던 종목이 갑자기 300만 주가 거래되면 큰 변화가 생긴 것이다. 호재 뉴스가 나오고 거래량이 함께 늘어나면 많은 사람이 동시에 반응하고 있다는 뜻이다. 반대로 주가만 오르고 거래량이 거의 없다면 신뢰하기 어렵다. 거래량은 가격보다 먼저 분위기를 보여준다. 세력이 들어오거나 빠져나갈 때도 거래량이 먼저 변한다. 그래서 차트를 볼 때 가격만 보면 반쪽짜리 판단이 된다. 거래량은 시장의 실제 움직임을 보여주는 흔적이다.

6. 지수

지수는 여러 종목을 묶어서 시장 전체 흐름을 보여주는 숫자다. 예를 들어 코스피 지수는 우리나라 대표 기업들의 움직임을 모아 만든 것이다. 내가 가진 종목이 떨어졌어도 지수가 오르면 시장은 좋은 상황일 수 있다. 반대로 내 종목은 멀쩡해 보여도 지수가 크게 빠지면 위험한 구간일 수 있다. 지수는 개별 기업이 아니라 환경을 보는 도구다. 상승장과 하락장은 대부분 지수 흐름에서 먼저 나타난다. 종목 선택만큼 중요한 것이 시장 흐름이다. 지수를 보면 지금이 어떤 장인지 알 수 있다.

7. 시가총액

시가총액은 회사의 전체 가격을 의미한다. 현재 주가에 전체 주식 수를 곱해서 계산한다. 예를 들어 주가가 5만 원이고 주식이 1억 주라면 시가총액은 5조 원이다. 시가총액이 크면 시장에서 차지하는 비중이 크다. 대형주는 갑자기 사라지거나 망할 가능성이 상대적으로 낮다. 반대로 소형주는 성장도 빠르지만 위험도 크다. 시가총액은 회사의 크기와 영향력을 보여준다. 포트폴리오를 만들 때 반드시 함께 살펴야 한다.

8. 배당

배당은 회사가 벌어들인 이익 중 일부를 주주에게 현금으로 나눠주는 것이다. 예를 들어 한 주당 1,000원을 배당하면 주식을 100주 가진 사람은 10만 원을 받는다. 배당은 주가가 오르지 않아도 받을 수 있는 수익이다. 그래서 은퇴자나 안정형 투자자가 배당을 중요하게 본다. 하지만 배당이 많다고 무조건 좋은 회사는 아니다. 일시적으로 이익이 늘어 배당을 늘리는 경우도 있다. 회사의 장기 실적이 유지되지 않으면 배당은 쉽게 줄어든다. 배당은 사업 구조와 함께 봐야 한다.

9. PER

PER은 회사의 이익에 비해 주가가 얼마나 비싼지를 보여주는 지표다. 예를 들어 PER이 10이면 현재 이익 기준으로 10년치 가격이라는 의미다. 많은 사람은 PER이 낮으면 무조건 싸다고 생각한다. 하지만 이익이 앞으로 줄어들 것으로 예상되면 PER은 낮게 나타난다. 반대로 성장 기대가 크면 PER은 높아진다. 예를 들어 신기술 기업은 이익이 적어도 PER이 매우 높을 수 있다. PER은 과거 숫자이기 때문에 미래와 함께 해석해야 한다. PER 하나만 보고 투자하면 쉽게 착각하게 된다.

10. PBR

PBR은 회사의 자산에 비해 주가가 얼마나 비싼지를 보여주는 지표이다. 예를 들어 회사가 가진 순자산이 1조 원이고 시가총액이 1조 원이면

PBR은 1이다. 숫자만 보면 PBR이 낮으면 싸 보인다. 하지만 장사가 잘 안 되거나 사업 전망이 나쁘면 PBR이 낮게 유지된다. 예를 들어 공장이 많고 땅이 많아도 수익을 못 내면 시장은 높은 값을 주지 않는다. 반대로 기술력이나 브랜드처럼 장부에 잘 안 잡히는 경쟁력이 있으면 PBR이 높아질 수 있다. PBR은 자산이 중요한 업종에서 더 의미가 크다. 결국 자산이 실제로 돈을 벌어주는지를 함께 봐야 한다.

11. EPS

EPS는 주식 한 주가 벌어들인 이익을 의미한다. 예를 들어 회사 전체 이익이 1,000억 원이고 주식 수가 1억 주라면 EPS는 1,000원이다. EPS가 계속 증가하는 회사는, 실적이 좋아지고 있다는 신호다. 주가가 오르지 않더라도 EPS가 꾸준히 늘면 기업의 체력은 좋아진다. 반대로 매출은 늘어도 비용이 커지면 EPS가 줄어들 수 있다. 실제로 주가는 매출보다 EPS 변화에 더 민감하게 반응한다. 그래서 실적 발표 때 가장 먼저 확인하는 숫자가 EPS다. EPS는 회사의 돈 버는 힘을 가장 직관적으로 보여준다.

12. IPO

IPO는 회사가 처음으로 주식시장에 상장하는 과정이다. 예를 들어 비상장 스타트업이 증시에 들어오면 일반 투자자도 그 회사 주식을 살 수 있게 된다. 상장 직후에는 기대와 관심이 한꺼번에 몰리는 경우가 많다. 그래서 첫날 주가가 크게 오르거나 크게 흔들리기도 한다. 하지만 IPO 직후 주가는 사업 실력보다 분위기에 의해 움직이기 쉽다. 실제로 상장 후 몇 분기 실적이 나오면서 평가가 달라지는 경우가 많다. 처음 상장했다는 이유만으로 좋은 기업이라고 판단하면 위험하다. IPO는 출발선이지 검증의 끝이 아니다.

13. ETF

ETF는 여러 종목을 묶어서 만든 하나의 상품이다. 예를 들어 코스피200 ETF를 사면 대형주 200개를 동시에 사는 효과가 난다. 개별 종목을 고르기 어렵다면 ETF 하나로 시장에 투자할 수 있다. 특정 산업 ETF를 사면 그 산업 전체에 분산 투자하는 구조가 된다. 실제로 반도체 ETF를 사면 여러 반도체 기업이 함께 담긴다. 한 회사가 흔들려도 전체 포트폴리오는 덜 흔들린다. 그래서 초보자에게 구조적으로 유리한 상품으로 많이 쓰인다. ETF는 종목 선택 부담을 크게 줄여준다.

14. 레버리지·인버스 ETF

레버리지 ETF는 지수의 하루 움직임을 두 배로 따라가는 상품이다. 인버스 ETF는 지수가 내려가면 오르도록 설계된 상품이다. 예를 들어 지수가 하루 1% 오르면 레버리지 ETF는 약 2% 오른다. 반대로 지수가 1% 떨어지면 손실도 두 배가 된다. 하루 단위로 구조가 맞춰져 있기 때문에 오래 들고 있으면 결과가 왜곡된다. 실제로 시장이 옆으로 움직여도 손실이 쌓일 수 있다. 단기 매매용 구조라는 점을 이해하지 못하면 계좌가 빠르게 무너진다. 장기투자에는 매우 부적합한 상품이다.

15. 스프레드

스프레드는 지금 살 수 있는 가격과 팔 수 있는 가격의 차이다. 예를 들어 10,000원에 살 수 있고 10,050원에 팔 수 있다면 스프레드는 50원이다. 이 차이는 눈에 보이지 않는 거래비용이다. 거래를 하자마자 바로 팔면 이만큼 손해가 난다. 유동성이 나쁜 종목이나 ETF일수록 스프레드가 넓다. 특히 장 시작 직후나 장 마감 직전에 스프레드가 크게 벌어질 수 있다. 초보자는 수수료만 비용이라고 생각하는 경우가 많다. 실제로는 스프레드가 수익률을 계속 깎아 먹는다.

16. 시장가 주문

시장가 주문은 지금 바로 체결될 수 있는 가격에 사고파는 방식이다. 예를 들어 현재 매도 호가가 10,050원일 때 시장가로 매수하면 그 가격에 바로 체결된다. 빠르게 사고팔아야 할 때 가장 많이 쓰인다. 급등하거나 급락하는 순간에는 체결이 늦어질 위험이 줄어든다. 대신 내가 생각한 가격보다 불리한 가격에 체결될 수도 있다. 특히 유동성이 낮은 종목에서는 예상보다 비싸게 사거나 싸게 팔 수 있다. 초보자가 급하게 눌렀다가 체결 가격을 보고 놀라는 경우가 많다. 시장가 주문은 속도는 빠르지만 가격 통제는 어렵다.

17. 지정가 주문

지정가 주문은 내가 원하는 가격을 직접 정해서 주문하는 방식이다. 예를 들어 9,900원에만 사고 싶다면 그 가격으로 매수 주문을 넣는다. 가격이 오지 않으면 거래는 체결되지 않는다. 급하게 거래할 필요가 없을 때 많이 사용된다. 계획된 매매를 할 때 가장 기본이 되는 주문 방식이다. 다만 시장이 빠르게 움직이면 기회를 놓칠 수 있다. 실제로 급등 종목을 지정가로 사려고 하다가 거래 자체가 안 되는 경우도 많다. 지정가 주문은 가격을 지키는 대신 체결이 보장되지는 않는다.

18. 손절

손절은 손실이 더 커지기 전에 정해둔 기준에서 파는 행동이다. 예를 들어 매수 가격에서 10% 하락하면 판다고 미리 정해두는 것이 손절이다. 많은 사람은 손절을 실패로 느껴 미루게 된다. 하지만 손절은 계좌를 지키기 위한 관리 행위다. 실제로 작은 손절을 반복한 투자자가 큰 손실을 피하는 경우가 많다. 반대로 손절을 못 하고 버티다 큰 하락을 맞는 경우가 흔하다. 손절은 감정이 아니라 기준으로 해야 한다. 손절 기준이 없으면 매매는 항상 흔들리게 된다.

19. 익절

익절은 미리 정해둔 목표에 도달했을 때 이익을 확정하는 매도다. 예를 들어 20% 수익이 나면 판다고 계획했다면 그 시점이 익절이다. 많은 투자자는 더 오를 것 같다는 생각 때문에 익절을 미룬다. 하지만 시장은 항상 원하는 방향으로만 움직이지 않는다. 실제로 큰 수익을 기록했다가 다시 본전으로 돌아오는 경우도 많다. 익절은 욕심을 관리하는 장치다. 수익이 났을 때 계획대로 정리하는 것이 장기적으로 계좌를 안정시킨다. 익절 기준이 있어야 수익도 관리할 수 있다.

20. 공매도

공매도는 주식을 빌려서 먼저 팔고 나중에 다시 사서 갚는 투자 방식이다. 예를 들어 주가가 떨어질 것이라 생각하면 지금 팔고 나중에 싸게 사서 갚는다. 주가가 내려가면 수익이 난다. 반대로 주가가 오르면 손실이 계속 커질 수 있다. 손실 한도가 정해져 있지 않다는 점이 가장 큰 특징이다. 실제로 급등장이 나오면 공매도 투자자는 큰 손실을 보기도 한다. 공매도는 하락에 베팅하는 구조다. 일반 투자자가 쉽게 접근하기에는 위험이 크다.

21. 신용거래

신용거래는 증권사에서 돈을 빌려 주식을 사는 방식이다. 예를 들어 내 돈 1,000만 원에 빌린 돈 1,000만 원을 더해 투자하는 것이다. 수익이 나면 수익도 커진다. 하지만 손실이 나면 손실도 같은 비율로 커진다. 일정 수준 아래로 내려가면 강제로 매도되는 경우도 있다. 실제로 하락장에서 신용 반대매매로 큰 손실을 보는 사람이 많다. 신용거래는 타이밍이 어긋나면 계좌가 빠르게 무너진다. 초보자에게는 특히 위험한 구조다.

22. 배당수익률

배당수익률은 현재 주가 대비 배당금 비율이다. 예를 들어 주가가 2만 원이고 배당이 1,000원이면 배당수익률은 5%다. 숫자만 보면 매우 매력적으로 보일 수 있다. 하지만 주가가 급락해서 배당수익률이 높아 보이는 경우도 많다. 실제로 사업이 나빠지고 있는데 과거 배당만 반영된 경우도 있다. 다음 해에도 같은 배당을 줄 수 있는지는 따로 확인해야 한다. 배당수익률은 결과일 뿐 원인이 아니다.

23. 상승장·하락장

상승장은 시장 전체가 전반적으로 오르는 시기다. 하락장은 대부분의 종목이 함께 떨어지는 시기다. 상승장에서는 웬만한 종목도 수익이 나기 쉽다. 반대로 하락장에서는 좋은 회사도 함께 빠지는 경우가 많다. 많은 초보자는 자신의 종목만 보고 시장을 무시한다. 하지만 같은 종목이라도 장의 방향에 따라 결과는 크게 달라진다. 실제로 실적이 좋은 기업도 하락장에서는 주가가 움직이지 않는다. 시장 환경을 이해해야 종목 선택도 의미가 생긴다.

24. 블루칩

블루칩은 규모가 크고 실적이 안정적인 대표 기업을 말한다. 예를 들어 오랜 기간 시장을 이끌어 온 대형 기업들이 여기에 해당한다. 갑자기 사라질 가능성이 낮다는 점이 장점이다. 경기 침체기에도 상대적으로 버티는 힘이 있다. 대신 성장 속도는 신생 기업보다 느릴 수 있다. 초보자가 장기 투자를 시작할 때 부담이 적은 종목군이다. 변동성이 비교적 낮아 심리적으로도 안정적이다. 포트폴리오의 중심 역할을 맡기기 좋다.

25. 자본이익

자본이익은 주식을 싸게 사서 비싸게 팔아 생기는 차익이다. 예를 들어 1만 원에 산 주식을 1만 5천 원에 팔면 5천 원이 자본이익이다. 대부분의 주식투자자는 이 차익을 목표로 한다. 배당과 달리 가격 변화에서 발생하는 수익이다. 단기 매매든 장기 투자든 모두 자본이익을 추구한다. 하지만 가격은 언제든 다시 내려올 수 있다. 그래서 이익을 확정하는 전략이 중요해진다. 자본이익은 관리하지 않으면 쉽게 사라진다.

26. 자본손실

자본손실은 주식을 비싸게 사서 더 싼 가격에 팔아 생긴 손해다. 예를 들어 2만 원에 산 주식을 1만 5천 원에 팔면 5천 원이 자본손실이다. 많은 투자자는 손실을 확정하는 순간을 가장 힘들어한다. 그래서 손실을 본 종목을 계속 들고 가는 선택을 하기도 한다. 하지만 가격이 다시 오르지 않으면 손실은 계좌에 그대로 남는다. 실제로 큰 손실은 대부분 작은 손실을 미루다가 만들어진다. 자본손실은 피할 수 없는 투자 과정의 일부다. 중요한 것은 손실의 크기를 관리하는 것이다.

27. 공개매수

공개매수는 특정 주식을 정해진 가격에 대량으로 사겠다고 공식적으로 알리고 매수하는 방식이다. 예를 들어 어떤 기업이 다른 회사를 인수하기 위해 주식을 사들이는 경우가 대표적이다. 공개매수 가격은 시장가보다 높게 제시되는 경우가 많다. 그래서 발표 직후 주가가 공개매수 가격 근처로 움직인다. 하지만 모든 주식이 반드시 그 가격에 팔리는 것은 아니다. 조건과 기간이 정해져 있기 때문이다. 공개매수는 단기적으로 주가에 큰 영향을 준다. 그러나 장기 투자 판단의 기준이 되기는 어렵다.

28. 유상증자·무상증자

유상증자는 회사가 새 주식을 발행해 돈을 받는 방식이다. 예를 들어 사업 확장을 위해 투자금을 조달할 때 사용된다. 기존 주주는 주식 수가 늘어나면서 지분이 희석될 수 있다. 무상증자는 회사가 가진 자본을 나눠 주식 수만 늘리는 방식이다. 내 돈이 들어가는 것은 아니지만 주식 수는 늘어난다. 무상증자는 주가를 낮춰 거래를 쉽게 만들려는 목적이 많다. 많은 초보자는 무상증자를 공짜 수익으로 오해한다.

29. 변동성

변동성은 주가가 얼마나 크게 흔들리는지를 의미한다. 하루에도 몇 퍼센트씩 움직이면 변동성이 크다고 말한다. 예를 들어 테마주나 소형주는 변동성이 매우 크다. 수익 기회가 커 보이지만 손실도 빠르게 커진다. 변동성이 큰 종목은 심리적으로 매우 불안하다. 실제로 같은 수익률이라도 변동성이 크면 투자자는 더 힘들다. 장기 투자를 할수록 변동성 관리는 중요해진다. 변동성은 수익보다 먼저 투자자의 행동을 바꾼다.

30. PEG

PEG는 PER에 성장률을 함께 반영한 지표다. 예를 들어 PER이 20이고 이익 성장률이 20%라면 PEG는 1이 된다. 성장주를 비교할 때 자주 사용된다. PER만 보면 비싸 보이던 기업이 PEG로 보면 합리적으로 보일 수 있다. 하지만 성장률 자체가 예측값이라는 점이 한계다. 실제 성장이 예상보다 낮아지면 PEG의 의미도 약해진다. PEG는 성장에 대한 기대를 숫자로 단순화한 도구다. 참고 지표일 뿐 판단의 기준이 되어서는 안 된다.

31. ROE

ROE는 자기자본으로 얼마나 효율적으로 이익을 냈는지를 보여준다. 예를 들어 자기자본이 1조 원이고, 이익이 1천억 원이면 ROE는 10%다. 같은 업종 안에서 기업을 비교할 때 많이 사용된다. ROE가 꾸준히 높은 기업은 사업 구조가 탄탄한 경우가 많다. 하지만 부채를 많이 써서 ROE가 높아질 수도 있다. 그래서 ROE는 부채 수준과 함께 봐야 한다. 숫자 하나만 보면 오해하기 쉽다. ROE는 질적인 해석이 필요한 지표다.

32. ROA

ROA는 회사가 가진 전체 자산으로 얼마나 이익을 냈는지를 보여준다. 공장, 설비, 현금까지 모두 포함한 기준이다. 자산이 많은 산업에서는 ROA가 낮게 나오는 경우가 많다. 반대로 자산이 적은 플랫폼 기업은 ROA가 높게 나타나기도 한다. ROA는 사업 효율을 비교할 때 유용하다. 같은 업종 안에서 비교할 때 의미가 커진다. ROE보다 보수적인 지표로 여겨진다. 기업의 구조적인 수익성을 보는 데 도움이 된다.

33. 현금흐름표

현금흐름표는 회사에 실제로 돈이 들어오고 나간 기록이다. 장부상 이익과 실제 현금 흐름은 다를 수 있다. 예를 들어 매출은 잡혔지만 돈을 아직 못 받은 경우도 있다. 이럴 때는 이익이 있어도 현금은 부족할 수 있다. 지속적으로 영업 현금이 들어오는 회사는 안정적이다. 반대로 이익은 나는데 현금이 계속 빠져나가면 위험 신호다. 현금흐름표는 기업의 체력을 보여준다. 장기 투자에서는 매우 중요한 자료다.

34. 재무상태표

재무상태표는 회사가 현재 기지고 있는 자산과 빚을 보여준다. 예를 들어 현금이 얼마나 있는지, 차입금이 얼마나 되는지 확인할 수 있다. 부채비율이 지나치게 높으면 위기 상황에 취약하다. 반대로 현금이 충분하면 불황에도 버틸 수 있다. 재무상태표는 회사의 현재 체력을 보여준다. 손익계산서가 과거 성과라면 재무상태표는 현재 상태다. 투자자는 반드시 두 자료를 함께 봐야 한다. 재무 구조는 주가보다 먼저 무너진다.

35. 손익계산서

손익계산서는 일정 기간 동안 회사가 얼마나 팔고 얼마나 벌었는지를 보여준다. 매출, 비용, 영업이익, 순이익이 모두 이 표에 들어 있다. 분기 실적 발표에서 가장 많이 보는 자료다. 매출이 늘어도 이익이 줄어들 수 있다. 원가와 인건비, 마케팅 비용이 늘어날 수 있기 때문이다. 손익계산서는 성장의 질을 판단하는 자료다. 단기 주가는 이 숫자에 민감하게 반응한다. 투자자는 숫자의 변화 방향을 보는 것이 중요하다.

36. 이익 성장률

이익 성장률은 회사의 이익이 얼마나 빠르게 늘고 있는지를 보여주는 지표다. 예를 들어 작년에 1천억 원을 벌던 회사가 올해 1천3백억 원을 벌었다면 이익 성장률은 약 30%다. 같은 이익 규모라도 성장률이 높으면 시장의 기대가 커진다. 실제로 주가는 현재 이익보다 앞으로 늘어날 이익을 더 먼저 반영한다. 이익이 조금씩 꾸준히 늘어나는 회사는 장기 투자에 유리하다. 반대로 일시적으로 이익이 급증한 기업은 다음 분기부터 실적이 꺾일 수도 있다. 이익 성장률은 한 해 수치보다 여러 해의 흐름이 중요하다. 성장의 지속성이 투자 판단의 핵심이 된다.

37. 배당기준일·배당락

배당기준일은 배당을 받을 수 있는 주주를 정하는 날짜다. 이 날짜에 주식을 보유하고 있어야 배당을 받을 수 있다. 배당락은 배당기준일이 지나 배당 받을 권리가 사라진 날이다. 예를 들어 배당락일에는 주가가 배당금만큼 하락하는 경우가 많다. 많은 초보자는 배당기준일 직전에 사면 무조건 이익이라고 생각한다. 하지만 배당락으로 주가가 내려가면 실제 수익은 거의 같아진다. 배당기준일과 배당락의 원리를 이해해야 착각을 피할 수 있다.

38. NAV

NAV는 ETF가 보유한 자산의 실제 가치다. 예를 들어 ETF가 여러 주식을 들고 있다면 그 주식들의 현재 가격을 모두 합쳐 계산한다. 주식처럼 거래되는 ETF의 기준 가격이 된다. 하지만 ETF 시장 가격은 NAV와 항상 같지 않다. 시장 상황에 따라 더 비싸게 혹은 싸게 거래되기도 한다. 시장이 급변할 때는 NAV와 가격 차이가 커질 수 있다. 투자자는 ETF의 가격만 보지 말고 NAV도 함께 확인해야 한다. NAV는 ETF의 실제 내용물을 보여주는 숫자다.

39. 괴리율

괴리율은 ETF의 시장 가격과 NAV 사이의 차이를 말한다. 예를 들어 NAV가 1만 원인데 시장에서 1만 200원에 거래되면 괴리율이 발생한다. 괴리율이 클수록 비싸게 사거나 싸게 팔 가능성이 커진다. 특히 장 초반이나 거래가 적을 때 괴리율이 커진다. 초보자는 가격만 보고 ETF를 매수하는 경우가 많다. 하지만 같은 ETF라도 매수 시점에 따라 실제 가치와 큰 차이가 날 수 있다. 괴리율은 ETF 투자에서 반드시 확인해야 하는 위험 요소다.

40. 추적 오차

추적 오차는 ETF가 목표로 하는 지수와 실제 수익률의 차이다. 예를 들어 코스피200 지수를 따라가는 ETF가 지수보다 낮은 수익을 기록하면 추적 오차가 발생한 것이다. 운용비용과 매매 비용이 원인이 되는 경우가 많다. 장기 투자에서는 이 작은 차이가 누적된다. 비슷한 ETF라도 추적 오차 수준은 다를 수 있다. 초보자는 지수만 보고 ETF를 고른다. 하지만 실제 수익은 추적 오차가 좌우한다. 추적 오차는 ETF의 품질을 보여주는 지표다.

41. iNAV

iNAV는 장중에 실시간으로 계산되는 ETF의 예상 순자산가치다. 장이 열려 있는 동안 계속 갱신된다. 투자자는 현재 ETF 가격이 적정한지 비교할 수 있다. 예를 들어 시장 가격이 iNAV보다 많이 높다면 비싸게 사고 있는 상황이다. 특히 해외 자산 ETF는 iNAV 확인이 더 중요하다. 환율과 해외 시장 가격이 동시에 반영되기 때문이다. iNAV를 보지 않으면 괴리율을 체감하기 어렵다. ETF 매매 전에는 반드시 iNAV를 확인하는 습관이 필요하다.

42. LP

LP는 ETF 시장에서 매수와 매도 주문을 지속적으로 내는 유동성 공급자다. 가격이 한쪽으로 쏠리지 않도록 주문을 공급한다. LP가 있어야 ETF가 부드럽게 거래된다. LP 활동이 부족하면 스프레드가 크게 벌어진다. 실제로 거래량이 적은 ETF는 체결 가격이 불리해질 수 있다. 투자자는 LP 존재 여부를 확인할 수 있다. LP는 보이지 않지만 ETF 거래 환경을 좌우한다. 유동성의 질을 결정하는 핵심 역할이다.

43. AP

AP는 ETF의 설정과 환매를 실제로 수행하는 기관이다. ETF가 시장에서 많이 매수되면 AP가 새 ETF를 만들어 공급한다. 반대로 ETF가 많이 팔리면 회수한다. 이 구조 덕분에 ETF 가격이 NAV에 가까워진다. AP는 ETF의 가격 안정 장치다. 일반 투자자는 AP의 역할을 체감하기 어렵다. 하지만 괴리율이 줄어드는 핵심 구조다. ETF는 AP가 있어야 정상 작동한다.

44. 설정·환매

설정은 ETF가 새로 만들어지는 과정이다. 환매는 ETF가 다시 사라지는 과정이다. 예를 들어 수요가 늘어나면 설정이 늘어난다. 수요가 줄면 환매가 발생한다. 이 과정에서 AP가 기초자산을 사고팔게 된다. 설정과 환매는 ETF 수량을 조절한다. 주식과 달리 ETF는 수요에 따라 물량이 늘고 줄 수 있다. 이 구조가 ETF 가격 안정의 핵심이다.

45. 기초지수

기초지수는 ETF가 따라가도록 설계된 기준 지수다. 예를 들어 코스피 200 ETF의 기초지수는 코스피200이다. ETF의 성과는 이 지수를 얼마나 잘 따라가는지가 기준이 된다. 기초지수의 구성 종목이 바뀌면 ETF도 함께 바뀐다. 투자자는 ETF 이름만 보고 판단하는 경우가 많다. 하지만 실제 내용은 기초지수를 보면 알 수 있다. 기초지수는 ETF의 설계도다. 어떤 지수를 따르느냐가 투자 성과를 좌우한다.

46. 거래정지

거래정지는 해당 종목의 매매가 일시적으로 멈추는 상태를 말한다. 예를 들어 회계 문제나 인수합병 공시처럼 중요한 정보가 나올 때 거래가 정지된다. 거래정지 중에는 사고팔 수 없기 때문에 현금화가 불가능하다. 많은 투자자는 정지 직전까지도 평소처럼 거래할 수 있다고 착각한다. 실제로 거래정지 이후 재개될 때 주가가 크게 움직이는 경우가 많다. 악재로 정지되면 재개 후 급락하는 사례도 흔하다. 거래정지는 단순한 불편이 아니라 리스크 자체다. 투자자는 거래정지 가능성이 있는 종목을 항상 염두에 둬야 한다.

47. 상장폐지

상장폐지는 주식시장에서 해당 종목이 완전히 퇴출되는 것을 의미한다. 예를 들어 재무 요건을 충족하지 못하거나 회계 문제가 반복되면 상장폐지가 된다. 상장폐지가 되면 거래소에서 더 이상 정상 거래를 할 수 없다. 일부 기간 동안 정리매매가 진행되지만 가격은 크게 무너지는 경우가 많다. 많은 초보자는 설마 상장폐지까지 가겠느냐고 생각한다. 하지만 실제 시장에서는 매년 상장폐지 기업이 발생한다. 상장폐지는 손실을 회복하기 거의 불가능한 상황이다. 그래서 기업의 재무 건전성과 감사 의견은 매우 중요하다.

48. 액면분할·액면병합

액면분할은 주식의 액면가를 나누어 주식 수를 늘리는 것이다. 예를 들어 1주를 5주로 나누면 주가는 낮아지고 주식 수는 늘어난다. 반대로 액면병합은 여러 주식을 하나로 합치는 것이다. 많은 투자자는 액면분할을 호재로 오해한다. 하지만 회사의 가치가 바뀌는 것은 아니다. 단지 거래를 쉽게 만들기 위한 조정이다. 병합은 주가가 너무 낮아 보일 때 주로 사용된다. 액면 변화는 숫자만 바뀌는 구조라는 점을 이해해야 한다.

49. 분산 투자

분산 투자는 여러 종목이나 여러 자산에 나눠 투자하는 방식이다. 예를 들어 한 종목에 전부 투자하는 대신 다섯 종목으로 나누는 것이다. 특정 기업에 문제가 생겨도 전체 계좌가 크게 흔들리지 않게 된다. 많은 투자자는 분산하면 수익이 줄어든다고 느낀다. 하지만 분산의 목적은 수익보다 생존이다. 실제로 장기 투자에서 가장 중요한 것은 큰 손실을 피하는 것이다. 분산 투자는 계좌 변동성을 낮추는 가장 기본적인 방법이다. 초보자일수록 분산의 효과는 더 커진다.

50. 리밸런싱

리밸런싱은 자산 비중이 변했을 때 다시 원래의 비율로 조정하는 것이다. 예를 들어 주식 비중이 많이 늘어나면 일부를 팔고 다른 자산을 늘린다. 시장이 계속 오를 때는 리밸런싱이 불편하게 느껴질 수 있다. 하지만 하락장이 오면 그 효과가 분명해진다. 리밸런싱은 수익을 예측하기 위한 행동이 아니다. 위험을 관리하기 위한 계좌 관리 방법이다. 일정한 주기나 기준을 정해 반복하는 것이 중요하다. 리밸런싱은 투자 습관을 안정시키는 도구다.

■ **독자 여러분의 소중한 원고를 기다립니다** ─────────────

초록북스는 독자 여러분의 소중한 원고를 기다리고 있습니다. 집필을 끝냈거나 집필중인 원고가 있으신 분은 khg0109@hanmail.net으로 원고의 간단한 기획의도와 개요, 연락처 등과 함께 보내주시면 최대한 빨리 검토한 후에 연락드리겠습니다. 머뭇거리지 마시고 언제라도 초록의 문을 두드리시면 반갑게 맞이하겠습니다.

■ **메이트북스 SNS는 보물창고입니다** ─────────────

메이트북스 홈페이지 www.matebooks.co.kr

책에 대한 칼럼 및 신간정보, 베스트셀러 및 스테디셀러 정보뿐만 아니라 저자의 인터뷰 및 책 소개 동영상을 보실 수 있습니다.

메이트북스 유튜브 bit.ly/2qXrcUb

활발하게 업로드되는 저자의 인터뷰, 책 소개 동영상을 통해 책에서는 접할 수 없었던 입체적인 정보들을 경험하실 수 있습니다.

초록북스 블로그 blog.naver.com/chorokbooks

화제의 책, 화제의 동영상 등 독자 여러분을 위해 다양한 콘텐츠를 매일 올리고 있습니다.

네이버TV tv.naver.com/chorokbooks

업로드되는 신간 책 소개를, 관련 이미지들과 함께 임팩트 있는 쇼츠 영상으로 확인할 수 있습니다.

STEP 1. 사용중이신 스마트폰의 카메라 앱을 실행해주세요.　　STEP 2. 카메라 렌즈를 통해 각 QR코드를 스캔하시면 됩니다.
STEP 3. 팝업창을 누르시면 메이트북스의 SNS가 나옵니다.